Sasel

Geschichte eines Außenlagers

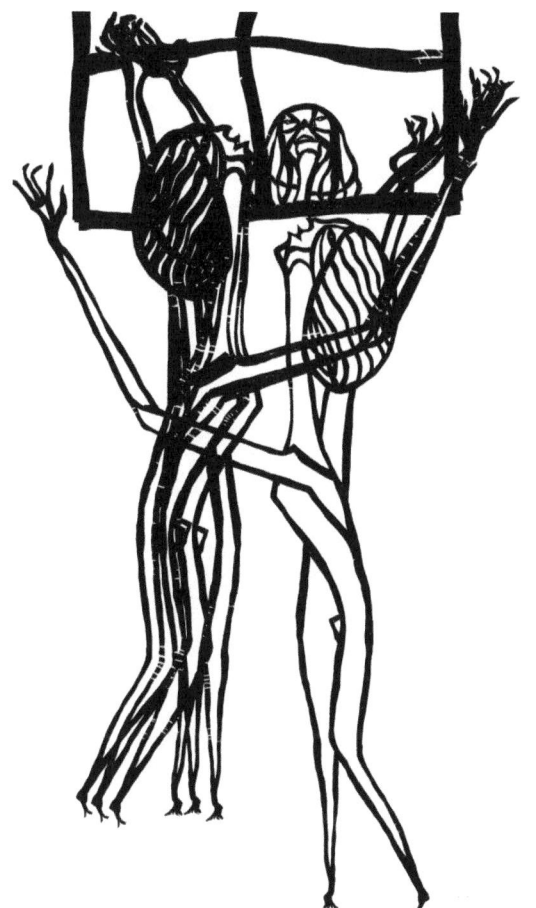

KZ-SASEL.

Harald Birgfeld

Dies Buch entstand in Anlehnung an „Geschichte eines Außenlagers, KZ-Sasel", der Freien und Hansestadt Hamburg, 1982.

Harald Birgfeld, geb. in Rostock, lebt seit 2001 in Heitersheim. Von Hause aus Dipl.-Ingenieur, befasst er sich seit 1980 mit Lyrik und Prosa.

Im vorliegenden Band wird auf 140 Seiten in Anlehnung an „Geschichte eines Außenlagers, KZ Sasel" der Hamburger Behörde für Schule, 1982, nacherzählt, was sich im KZ-Sasel in den letzten Kriegsjahren ereignet hat. Es ist wichtig, insbesondere der Jugend, immer wieder darüber zu berichten. Nichts davon darf in Vergessenheit geraten! Das Vers-Epos scheint dafür eine dauerhafte Form zu sein.

Der vorliegende Band ist im Laufe von Jahren mit vielen Gesprächen, Recherchen und Rückfragen entstanden. 2014 war die erste scheinbar endgültige Fassung fertig, dann hat der Autor aber Überarbeitungen und vor allen Dingen lektorische Korrekturen vorgenommen. Jetzt, 2020, möchte der Autor den Text der Öffentlichkeit endgültig vorstellen.

Herausgeber, Autor, Redakteur: Harald Birgfeld.
e-mail: Harald.Birgfeld@t-online.de
Im Internet unter : www.Harald-Birgfeld.de
Buchumschlag: Harald Birgfeld

© 2020
Herstellung und Verlag: BoD – Books on Demand, Norderstedt.
ISBN: 9783751920407

INHALTSVERZEICHNIS .... Seite

Erster Tag

Frau U., die Lehrerin
Steht auch am Zaun,
Und die Gespräche gehen durcheinander,
Sie berichtet aus der Zeit,
Das ist die Zeit, von der wird hier berichtet,
Als die tausend Jahre
Sich schon zu dem Ende neigten,
Und das tiefe Schwarz
Der Winzigpunkte schwarzer Hemden,
Die einst ineinander liefen,
Sich im Raster wieder aufzulösen schienen,
„Damals", sagt sie, „hatte ich die Wahl
Und hatte keine Wahl
Und hatte längst gewählt
Und war ein junges Mädchen,
Das versteckte seine Reize ordentlich,
Und meine Wahl galt nicht,
Und eine andre Wahl in meinem Herzen
Durfte ich nicht einmal mit dem Mund berühren.

Ich war noch im Studium,
Da fragte mich ein Schwarzhemd mit dem Rutenbündel,
Und es war sehr freundlich,
Und es war ein Mann.

Ich hatte oft von dem Versteck
In seinem Arm gehört
Und wählte aus der Wahl, die er mir gab:
Die war das Kettenwerk der Munitionsfabrik
Am Bahnhof Ochsenzoll,
Um Kriegseinsatz zu leisten,
Und ich brauchte so nicht in den Krieg,
Und andrerseits als Schaffnerin
Auf einer Straßenbahn,
Die hatte keinen Bunker,
Und ich würde meine Angst spazieren fahren.

Und ich ging mit anderen in die Fabrik,
Dort hatte man die Angst vor uns,
Weil wir noch gar nichts wussten,
Und man lehrte uns
Die Hände zu gebrauchen,
Und das, was wir selber hätten lehren können,
Zu vergessen,
Und wir lernten schnell
Und produzierten endlich
Hülsen für Granaten".

Andrerseits vom Zaun
Erinnert sich die Jugend nicht.
Sie wurde nie getötet,
Nie befreit,
Sie wurde nie beraubt,
Beplündert mit Gesetz und Ordnung,
Und man wird noch viel, viel schreiben müssen,
Um am Ende nichts zu schreiben,
Weil man's dann versteht
Und endlich kennenlernt
Und das Erkennen lernt.

Frau U. berichtet später über diese Angelegenheit,
Die sie betraf,
Noch ganz ausführlich,
Und es ist nicht nur die Angelegenheit,
Die sie betraf.

Sie leben in Ansorge
Und in einem Garten,
Der erlaubt nur junge Menschen,
Lebten fast in einem Paradies,
Wenn sie nicht wüssten, was hier vorher war.
Auch haben sie es nicht gelernt
Sich gegenseitig zu vermissen,
Weil sie, gänzlich ohne alle Sorgen,
Niemals umeinander Sorge hatten finden können,
Ja, sie möchten sich vermissen lernen.
Und ihr Heim liegt mitten in der grünen Landschaft,
Die ist gar nicht grün für sie,
Weil sie das tote Grau des Grauens
Überhaupt nicht kennen,
Und sie leben in dem Alstertal
Und gehen an den Gartenzaun
Und horchen auf die Steine
Und auf die Gespräche dieser Steine,
Die befinden sich noch
In dem ersten Echo,
Sind noch nicht so alt,
Man kann sie gut vernehmen,
Und die jungen Menschen schreiben alles in der Eile auf,
Die kommt nun fast zu spät
Und rettet doch noch alles,
Was sich schon auf das Vergessen werden vorbereitete.

Die Hast von damals taucht vor ihnen auf,
Und wo sie stehen,
Stand zuvor ein Lager,
Das war aufgestanden
Und zerfallen bis auf einen Rest
Und einen Stein, der wurd' behauen
Und ist nass von immer neuen Tränen,
Und er ist so grau,
Dass man das Grün um ihn herum erkennen kann.

Das alles steht am Zaun von Sasel,
Darin liegt das Alstertal,
Das ist nichts weiter als Geschichte,
Die man vor dem Untergang
Noch schnell befragt,
Und so viel weiß man noch genau,
Das Grau, von dem sie sprachen,
Wird sich schrecklich
Mit dem Rot vermischen,
Dass man auf das Grün,
Um dessentwillen man mit Steinen spricht,
Wird kaum noch hoffen können.

Die, die leben
Und die überlebten
Werden an den Zaun gerufen und befragt.
Sie geben gleich als erstes
Eine Totenliste ab,
Die haben sie in Bergstedt
Unter einem Stein gefunden,
Und sie wird lebendig
Ohne einen Gruß zu übermitteln.

Keiner kann sich dem Bericht entziehen,
Keiner der dort spricht
Vermag mit seinem wahren Namen
Wahre Namen aufzusagen,
Und man kürzt sie alle ab.

Es spricht Frau I., Herr X., Frau H.,
Und Bilder die man machen möchte,
Werden nicht belichtet,
Das ist schrecklich wahr,
Weil eine wahre Sonne ihnen,
Nach nun fünfzig Jahren
Der Geburt der Schwarzhelmtyrannei,
Noch nicht zu scheinen scheint.

Von keiner Seite wirft man einen Stein,
Es steht ja auch der Zaun dazwischen,
Und die einen sind zu jung,
Die anderen vielleicht zu müde,
Und das Steine werfen, sieht man ein,
Trifft ausnahmslos die Falschen,
Und sich selbst bewirft man nicht,
Und Spiegel stellte keiner auf.

Die jungen Leute haben eine Amtsperson,
Die übersetzt die Steingespräche,
Das ist aus Liszkowski in die Gegenwart.
Und sie diktiert aus den Gesprächen
Von dem Tage der Geburt,
Die war vor fünfzig Jahren.

Die Geburt war eine Sonnenfinsternis,
Die fing mit einer Sonnwendfeier an
Und ließ die Feuerräder von den Bergen laufen.

Damals staunten viele über diese Wende.
Wenige von ihnen waren später
Noch als Zeugen zu befragen
Wie Herr X., Frau I., Frau H.
Die gaben auch nur von dem Ende
Den Bericht.

Vor fünfzig Jahren hatten die,
Die in der Krippe lagen,
Sich als Wunder der Natur allein gezeugt,
Allein aus sich heraus geboren,
Sich allein genährt,
Dann in der Folge rascher Dieberei
Die Brüste junger Mütter andrer Kinder
Ausgetrunken und sie, wenn die Mütter schrien,
Gezwungen sie zu säugen,
Bis zu deren Tod,
Und tranken auch die Muttermilch,
Wenn sie nicht mehr zu trinken war.

Sie wählten sich alleine aus
Und hatten sich ein Zeichen ausgewählt,
Das war die Axt,
Die trugen sie versteckt im Rutenbündel,
Das entdeckten die, die auf sie trafen,
Viel zu spät.
Die anderen entdeckten nichts
Und sahen nicht in das Versteck.
Die Ausgewählten kamen schon bekleidet auf die Welt
Und trugen unter ihrer Haut
Die schwarzen Hemden,
Als ein Fruchtbarkeitssymbol,
Das legten sie nie ab,
Das war ein Panzer, der das Überleben
Garantieren sollte,
Und der die Verbreitung sicherte,
Und ihren Fortbestand.
Den planten sie sofort
Auf über tausend Jahre.

Am Zaun kommt man nicht weiter,
Und man fragt nun in die Steine.

Steine kann man nicht befragen,
Und man muss auf die Gespräche lauschen,
Die sie miteinander führen,
Und für Steine, die hier liegen,
Gibt es neben ihren Urgesprächen,
Auch die frischen Narben.

Für den Stein sind tausend Jahre gar nichts,
Und sie lachten,
Als sie von den schwarzen Hemden hörten,
Die an tausend Jahre dachten.

Aus den Steinen nimmt die Jugend den Bericht,
Den muss sie von den Urgesprächen trennen

Und dann übersetzen lassen,
Und er wird verlesen:
„Wir, die Steine, lagen nahe beieinander,
Und wir lagen an dem Türeingang der Villa,
Und wir hörten alles.

In der Villa lebten neben den Bewachern
Auch die schwarzen Hemden,
Die mit eignen Schwarzhemdfrauen schliefen.
Über den Bewachern wohnten ihre Wachen
Und drei Könige, Herr P., Herr T., Herr T.,
Und täglich zogen sie zu den Baracken
Hinter einem Stacheldraht,
Ein Aufenthalt für fünf mal hundert Frauen,
Um sich abzulösen.

Und die Insassinnen dort
Belebten, nicht bewohnten,
Und bestarben sechs Baracken.

Einmal lag auf einem Stein, auf uns,
Ein Schwarzpapier,
Das kam von dem Kommando Neuengamme,
Und die Insassinnen, hätten Heime zu errichten,
Heime für die Not,
Die breitete sich aus,
Und Arbeit in der Ziegelei zu machen
Und die Trümmer zu beseitigen;
Sie selbst, so schrieb man,
Seien in dem Falle ihres Todes zu beseitigen,
Und die Bevölkerung,
Die lebte gar nicht weit entfernt,
Sei streng von ihnen abzuschnüren,
Und man drohte ihr und ihnen
Harte Strafen an.
Das Lager",
Wussten diese Steine zu berichten,
„Nahm im späten Sommer, erstmals im
August des Jahres '44,

Und es war der letzte
Dieses Tausendjahrereiches,
Seine Menschen auf
Und war kein Arbeitslager,
Und im Wonnemonat Mai darauf,
Der konnte keinem mehr
Ein Wonnemonat sein
Und wurde doch zur Wonne dieser Tage,
Wieder abgerissen
Und dem Boden gleichgemacht.
In dieser Zeit errichteten die Insassinnen
Überall in Sasel kleine Plattenhäuser,
Davon steht noch heute eins".
Die Steine sprechen dann von einem Lageplan,
Den hätte man gezeichnet,
Und man fand ihn in den Protokollen,
Wo er durchgestrichen war.

Die Totenliste gab es nirgends in den Protokollen,
Und sie hatte fünfunddreißig Namen,
Und die Steine wissen nichts davon
Und sprechen sich nicht weiter aus.

Es gilt sich zu erinnern,
Ohne sich noch zu erinnern,
Und die Jugend weiß nicht,
Dass man das Vergessen wollen kann.

Man weiß nun von dem Lager,
Darin lagerte man Menschen in Baracken,
Und das Ende dieses Krieges stand bevor,
Das wusste keiner,
Und die meisten hofften es,
Und die in schwarzen Hemden
Fürchteten den Tag.

Frau B. erzählt,
Und sie berichtet viel.
Die Jugend fragt in ihr Gewissen,
Und sie spricht von ihrem Wissen,
Und was sie von allem wusste,
Und was die Bevölkerung gewusst,
Gesagt, getan hat.

Sie kennt sich noch gut in Einzelheiten aus
Und meint die Einzelheiten nicht,
Sie meint die Glieder einer schlimmen Kette.

Damals hatten sie dort draußen
Auf den Feldern Licht entdeckt,
Das war verboten
Und war hier erlaubt.
Man sprach davon mit vorgehaltner Hand.

Am Tage mussten Frauen, die von dorther kamen,
„Plattenbüttel" bauen,
Das war eine Unterkunft für Menschen,
Die nicht unterkamen.
Diese Frauen durften nicht dahin.

Ihr Mann, erzählt Frau B.,
Trug früher die Geschehen
Auf dem Friedhof Bergstedt's
In ein Grabbuch ein,
Nun spielte er nur noch die Orgel,
Und er fand ein langes großes Grab,
Das war frisch ausgehoben
Und mit Stroh gefüllt,
Darinnen lagen nackte Frauenleichen,
Und er wusste ihre Anzahl nicht,
Sie waren nur noch Haut und Knochen,
Und die Köpfe waren kahl geschoren,
Und das Grab lag an der Friedhofswand,
Das war die Wand zum Gasthof:
„Zu der Linde".

Und er dachte,
Was bleibt einem Menschen,
Wenn man ihm die Haare raubt.

Man sprach nun wieder in die Hand,
Dass davon eine wie die andren Jüdin wär',
Die wurden selbst der Ruhe
In dem Grab beraubt
Und später nächtlich wieder
Ausgegraben.

Für die Ruhelosen gab es keine Ruhe,
Und man hatte sie in einen Tod gejagt
Und jagte sie noch nach dem Tod
In einen neuen Tod
Und wieder aus dem Grab.

Man konnte ihren Weg nicht mehr
Verfolgen.

Ganz benommen steht die Jugend,
Und sie will es ja mit eignen Ohren hören,
Und Frau E. fällt hier ins Wort,
Sie weiß noch mehr.
Das Lager hatte unweit ihrer Gartengrenze
Seine Grenzen aufgepflockt,
Die Frauen waren aus Rumänien
Und aus Frankreich
Und sie waren strafgefangen,
Und sie hatte Äpfel in den Korb gelegt,
Dann in den Weg,
Und Brot im Busch versteckt.

Man hatte wenig heimlich mitgenommen,
Und nachher,
Als man die schwarzen Hemden
Auf der Leine sah
Und sich die Freude noch nicht traute,

Waren sieben von den Frauen
In ihr Haus gekommen,
Um sich zu bedanken,
Und sie gab danach noch Kleider ab,
Die waren weder schwarz, noch rot, noch braun,
Nur eines hatte sie für sich behalten,
Und es sprach sie eine an,
Die sprach die Sprache,
Und sie hatte ihre goldnen Zähne noch im Mund,
Sie sei Französin,
Und sie hätte in Paris,
In ihrer Heimat, ein Geschäft gehabt
Und schwor nun tausend Eide,
Ihr die Dankbarkeit zu zeigen,
Und sie hatte Wort gehalten
Und ihr später Seife und Parfum gesandt,
Und alle Welt bestand auf
Reinigung des Leibes
Und des Leibes
Und des Leibes.

Sie erzählte von vier Wagen,
Die mit Frauen aus dem Lager fuhren
Und es hätte sie ein Polizist des Ortes aufgehalten,
Und er hätt' sie fliehen lassen,
Und man wusste schon nicht mehr,
Wer wen bald fliehen lassen würde,
Wer bald zu den Fliehenden gehören wurde.

Von Frau K., die mischt sich ein,
Erfahren nun die Jugendlichen,
Dass ihr Mann noch in den letzten Tagen
Aus der Stadt, die brannte,
Frauen bis nach Sasel fuhr, es waren vielleicht neun,
Dort traf er auf ein Schwarzhemd,
Das schlug auf ihn ein
Und ließ ihn schließlich doch vorbei,
Vielleicht, weil er das Feuer sah,

Das bis hierher die Zunge streckte,
Und die Frauen hielt Frau K.
Auf ihrem Boden ohne Decken,
Nur mit Kohl und Mehl am Leben,
Bis sie weiter flohen.
Später konnte sie mit ihrem Mann
Das Lager selbst besichtigen, das stand nun leer
Und war nur eine Kette schmaler, tiefer Einzelzellen
Ohne Licht,
Zwei Meter lang und aus Beton gestellt,
Man sagte, in der Zelle
Habe es die Decke und den Aborteimer geben dürfen,
Und ein Arzt, Herr Y.
Der einer Frau in schwerer Stunde hatte helfen sollen,
Sprach von unglaublichen Dingen,
Und er schwieg danach davon, bis in sein Grab.

Voller Angst und Sorge war Frau I.,
Und sie sah jeden Morgen einen Zug
Von zwei Mal hundert Frauen,
Der kam ihr entgegen,
Denen hätte sie ihr Frühstück
Gerne in die Reihen fallen lassen,
Und sie hatte es sich nicht getraut,
Und von den Frauen hätte keine es gewagt,
Sich nach dem Brot zu bücken.

Links und rechts und überall
War Schwarzhemd's Gegenwart mit Rutenbüschel.
Sie meint, wenig hätte sie gewusst,
Doch von den anderen,
Die näher in der Nähe, wie die Schreber
In den Schrebergärten wohnten,
Wüsste sie, dass die wohl alles wussten,
Und die wohnten Tür an Tür mit denen.
Doch die konnte man nun nicht mehr fragen,
Alle waren längst, längst tot.

Herr N. erinnert sich genau,
Weil er zu der Zeit jung
Und in Begeisterung die Zeit erlebte,
Und er war ein Hitlerjunge,
Der war überall und nirgends
Und gehorchte auf das Wort,
Wenn man' s ihm sagte.

Heute lehnt er an dem Zaun
Und weiß auch, wo das Lager damals lag,
Das war ganz in der Nähe einer Stellung
Mit Kanonen gegen Luftkommandos
An dem Feldblumenweg,
Und er meinte,
Dass es ein Jahr älter wäre
Als die Steine sagten,
Die verstünden von so kleinen Zahlen nichts.

Das Arbeitslager sei ein Schutz der Flak gewesen,
Nachts stand es im Licht.

Herr N. weiß auch
Von fünf Mal hundert Frauen
Und dass viele krank gewesen seien,
Und er habe sie gesehen,
Wie man Menschen sieht
Und nicht, wie sich ein junger Mann
Die Frau ansieht.
Sie waren Haut und Knochen,
Und sie trugen Holzpantinen an den Füßen,
Blau- und weißgestreifte Kleidung,
Und darauf stand eine lange schwarze Nummer.

Er hat sie gesehen, als sie völlig ausgemergelt
In der Waschbaracke standen,
Und er hat die lauten schrillen Schreie
Noch im Ohr.
Man duschte sie mit eisig kaltem Wasser ab.

Er hatte durch das eine Fenster
Auf die Frauen schauen können,
Und sie hätten wegen dieser vielen nackten Knochen
Aneinander schlagen müssen.
Und ein Wachmann war gekommen,
Um ihn zu vertreiben.

Was Frau I. erzählte,
Konnte er bestätigen.
An jedem Morgen schleppte sich ein Zug
Von zwei Mal hundert Frauen
Bis zum Bahnhof Poppenbüttel.

Dort verluden sie sich in den Güterzug
Und wurden in die Stadt gefahren,
Um die ausgebombten Viertel
Von den Trümmern und den Leichen zu befreien,
Und man habe sie mit „Schnaps" gefüttert,
Und die Übelkeit
In ihnen unterdrückt.

Man hatte dreißig Männer
Zur Bewachung abgestellt,
Die waren jeder um die sechzig Jahre alt
Und ausgerüstet und bewaffnet
Wie die Schwarzhemdmänner.

Einige von ihnen hatten Schäferhunde.

Schlimmer als das Eis der Dusche
Waren Schwarzhemdfrauen,
Die sie auch bewachten
Und sich gar nicht zierten
Und mit scharfen Schäferhunden,
Schlimmen Peitschen, blanken Stiefeln,
Ihre Ordnung hielten.
Und die bildeten sich viel
Auf ihre blauen Augen
Und die kurzen blonden Haare ein.

Und jede war in einem
Unersättlich reifen Frauenalter
Zwischen zwanzig, dreißig Jahren.

Und der Zug, der durch die Straßen zog,
Nahm immer wieder einen andren Weg,
Und viele Frauen, andre Frauen,
Legten Essen oder ähnliches dahin
Und ließen sich auch von den Wachen
Nicht bedrohen,
Und man drohte oft sie 'Abzuholen',
Und das nahmen sie und sie
Nicht ernst,
Und, wie es schien,
Ließ dann die Wache doch das eine und das andre zu,
Und was das war,
Das konnte selbst Herr N.
Der Jugend nicht mehr sagen.
Die Bewachung durch die Männer
War, so sagt Herr N., nicht allzu streng,
Sie waren im Vollzug
Und sie vollzogen nicht
Wie mancher glaubte.

Nun erreicht die Jugend ein Gespräch,
Das ist im Telefon
Und alle hören mit,
Man hat ein lautes Sprechgerät
Dazu geschaltet:
„Hier sprech' ich, Frau P.,
Ich möchte einiges ergänzen und bestätigen
Und kann nicht selber zu euch kommen.
Damals war ich noch ein Kind
Von zehn, elf Jahren.
Niemand der Familie hatte je Kontakt
Zu den KZ - Insassen.

Das war gar nicht möglich,
War viel zu gefährlich,
Und da drang nun wirklich gar nichts 'raus.
Und niemand blieb an der Umzäunung
Stehen,
Und man fürchtete zu Recht,
Dass die Umzäunung um sich greifen würde,
Und sie würde einen selbst umgreifen.

Meine Mutter fuhr
Mit ihrem Fahrrad auf das Lager zu.
Sie war nicht mutig
Und man sah ihr ihren Mut nicht an,
Ihr Kommen war ein Eilen, Fliehen,
Und sie warf die Reste Brot vom Tage
Und was sie noch hatte,
Über deren Stacheldraht
Und warf sehr oft daneben,
Manches blieb im Gitter hängen,
Und sie war schon fort
Bevor sie kamen.

Die dort drinnen lebten nur
Von irgendwelchen Suppen,
Die sie gar nicht hatten,
Oder gerne hätten,
Das sah man von weitem,
Wenn sie in Kolonnen
Hin zum Baden gehen mussten.

Nach dem Lager,
Als das Lager nicht mehr Lager war,
Erlaubten meine Eltern zwei Zigeunerinnen
Mit dem Kind den Aufenthalt
In unsrem Haus.
Sie hielten sich nicht lange auf
Und sie erhielten etwas 'Anständiges',
Das war Essen, Kleidung, Trost,
Und sie erzählten,

Dass sie Wassersuppen, Bohnensuppen
Hatten essen müssen,
Und sie waren fast schon tot.

Ich sah sie immer wieder an,
Und jemand sagte,
Dass sie's nicht so schlimm
Wie die in Neuengamme hatten.
Hier in Sasel hatte es die Kammern,
Die aus ihren Duschen Gas verströmten,
Nicht gegeben.

Hatte eine Frau etwas „verbrochen",
Wo es nichts mehr zu verbrechen gab,
Dann fügte man ihr Wunden zu
Und die bestreute man mit Salz und Pfeffer,
Oder stellte sie für Stunden
In ein Becken,
Das war angefüllt mit kaltem Wasser.
Sonst verzichtete man hier in Sasel
Auf die Folter.

Einer der Bewacher sei ein Mensch gewesen,
Und er habe oft den Frauen
Bei dem Tragen schwerer Kannen mit geholfen,
Und man holte damals Milch
Von einem Platz am Markt in Sasel,
Dort ist jetzt ein
Lebensmittelsupermarkt errichtet worden.

Meine Eltern hätten es niemals gewagt,
Das Lager auf dem Foto festzuhalten.
Niemand hätte das gewagt.
Man hatte die Gefahr gesehen,
Hätte dann vielleicht Gelegenheit bekommen,
Alles ganz genau zu sehen,
Auch von innen,
Um es in sich aufzunehmen".

Den Steinen
Konnte man noch einen kurzen Vortrag
Abgewinnen,
Und er war schlecht zu verstehen,
Und er war doch so,
Dass man ihn gut verstand.
Sie sprachen zueinander:
„Wir, die Steine, haben ein Gebot:
Von uns darf sich kein einziger ent-setzen,
Und dort, wo wir stehen,
Müssen wir ver-stehen lernen.
Das ist unsre Art sich zu bewegen,
Und be-greifen werden wir nie können".

Von Frau D. erhielt man einen Brief,
Den wollte man nicht mehr verlesen,
Und er war doch lesenswert,
Weil er den Schlussstrich zog,
Den zog so mancher später,
Als man einen Schlussstrich gar nicht ziehen durfte,
Und nachher, das ist das Jetzt,
Stand es, sagt einer von den Jugendlichen,
Stand es gar nicht an,
Den Strich von damals immerzu zu wiederholen,
Und sie wären kopflos im Verstehen
Wenn sie diesen Schlussstrich ziehen müssten.

Man las vor:
„Von der Familie hatte keiner
Den Kontakt zu den Insassinnen gehabt.
Ich wusste aber von den andren Frauen,
Die die Essenreste an die Zäune brachten;
Und wir sahen täglich ihren Zug
Durch Sasel bis zum Bahnhof,
Eine Wanderschnecke,
Die in abgeschlossne Wagen kroch.
Die hatten nur die Lappen an den Füßen,
Und die hüllten sich in Decken,

Das war ihre Kleidung.
Und es waren Männer, die sie überwachten,
Dass sie sich nicht nach den Essenresten bücken konnten,
Ohne dass man auf sie schlug,
Und schlug sie auch,
Wenn sich die Schnecke in die Länge zog.

Mit sechzehn, siebzehn Jahren
War mir alles gar nicht so bewusst,
Ich dachte auch, dass das so sei
Und müsste wohl so sein,
Und alles hätte seine Ordnung".

Nach dem Lager,
Als das Lager nicht mehr Lager war,
Befragte man zwei Freigelassne
Nach den Strafen, die noch auf der Strafe lagen
Und man hörte aus den Steinen
Zwei Berichte:

Namentlich war uns Frau M. bekannt,
Das war die Schwarzhemdfrau,
Die sollte ihren Mann im Krieg verloren haben,
Und sie war erst dreißig Jahre alt.
Der Biss der Peitsche reichte ihr nicht aus,
Sie hatte einen dritten Arm,
Das war ihr Arm der Rache,
Und sie schlug so oft es ging,
Wohin es ging mit einem Gummiknüppel,
Und sie rächte sich für sich
Und nicht an sich,
Und freute sich in Quälerei an anderen.

Die war die Schlimmste, die dort stand.
Sie spielte einmal „Hinkefuß"
Mit einer, die sich in der Stadt
Beim Steineladen ihren Fuß verletzte,
Und die musste bis ins Arbeitslager

Auf dem Bein, das ihr geblieben war,
Nach Hause hinken,
Das war Kilometer weit,
Und keine durfte Hilfe leisten,
Und sie hatte kein Zuhause,
Und der Frau erschien
Das größte Ungemach nun ein Zuhause,
Und es kam, dass sie, die Strafgefangne,
Die Verschleppte, den Verschleppern
Auf dem Weg für etwas Hilfe
In die Arme hätte fallen mögen,
Und sie hätte sie in Dankbarkeit geküsst,
Und überhörte in den Schmerzen
Dass man sie verhöhnte
Und den Spott in ihre Wunde träufelte.

An Schlägen von Frau M.
Ist keine Frau gestorben.

Und die andere Insassin:
Meines Wissens
Hat es in dem Lager keine Tötungshandlung
Oder Selektion gegeben.
Allerdings schlug man und viel.

Die Steine
Fielen wieder in die Urgespräche,
Und es war wohl so,
Dass sie für kurze Augenblicke
Viel zu lange lebten,
Und sie waren ja schon dagewesen,
Als die anderen vor ihnen
Noch nicht existierten,
Und sie dachten an die Schlauen,
An die Tausendjährigen,
Die standen doch mit denen,
Die die Zeit davor,
Jahrtausende davor das Land

In Niedertracht und Glück
In Unglück und in Schicksal aufgerichtet
Und gerichtet hatten, eng im Bunde,
Und sie hatten nach dem Maß der Steine
Nichts gebunden,
Und sie blieben wie die anderen davor
Und davor und davor.
Das musste man bedenken.

Dieses ist das Bild:
Es steht ein Zaun,
Und diesseits stehen Jugendliche,
Die befragen Zeugen und die Leute,
Die noch etwas wissen können
Aus der Zeit davor, die sind nun alle alt,
Und stehen jenseits,
Diesseits liegen noch die großen Steine
In dem Rasen,
Die sind selber Zeugnis.

Eine Gruppe Jugendlicher hat sich abgesondert,
Um den Zaun zu streichen,
Das ist eine Tat,
Die, meinen sie, muss sein,
Und niemand wagt es,
Sie von ihrem Eifer, ihrem Handeln
Abzuhalten.

Die Jugend steht am Zaun
Und horcht gespannt.
Man winkt von andrer Seite ab,
Man kann Erfahrung doch nicht übertragen,
Und die Jugend möchte,
Dass man alles unterbricht
Und zur Kantine geht
Und sich ein wenig stärkt,
Und eine von den Älteren, Frau H.

Ist noch im Telefon,
Sie hätte nicht so viel zu sagen,
Und das, was sie sagen wollte,
Wäre eben grad' gesagt:
Die Jugend sollte nicht zum Essen gehen,
Denn sie wollte noch den Hinweis
Auf den Hunger geben,
Und der Hunger wäre mehr als das Bedürfnis
Und viel schlimmer,
Und er wäre eine Frage um die Existenz
Und nicht die Frage um den Preis, wie heute,
Und das Frauenlager
Ist von vielen völlig übersehen worden,
Und der morgendliche Zug der Frauen
War sehr langgezogen
Und man hatte ihn durchschreiten können
Und man trat dabei in offne Münder,
Die nur flüstern konnten,
Und sie riefen: „Hunger, Hunger",
Und die Wache rief dazwischen-.
„Lasst, verdammt noch 'mal, das Betteln"!

Und die Frauen hatten sich
Mit Farben aufgeschminkt
Und ihre Lumpen aufgebauscht,
Das taten sie zu ihrem Schutz,
Erfuhr ich später,
Dass man sie nicht aussortierte und beseitigte.
Es gab sehr viele,
Die zu der Zeit schon nichts mehr
Von diesen Dingen wissen wollten.
Keiner Jugend dieser Welt
Wünsch ich den Hunger als Erfahrung,
Und ich sage euch,
Ihr solltet bis zum Abend hungern und nichts trinken,
Und ihr habt ein neues Wort gelernt.
An einem Ende hatten Jugendliche
Damit angefangen,
Diesen Zaun zu streichen,

Und sie dachten in dem Eifer nicht ans Essen
Und ans Trinken,
Und sie wollten ihre Arbeit
Wegen solcher Kleinigkeiten
Auch nicht unterbrechen.

Die Jugend war nun aufmerksam geworden
Auf das neue Wort
Und wollte 'Hunger' kennen lernen,
Weil es mehr sein sollte, als sie kannten,
Und ein Teil von ihnen
War ja mit der Malerei am Zaun beschäftigt,
Und sie legten von den Steinen,
Die sie nicht verstanden,
Einige zu einem Stehpult aufeinander
Um darauf zu stehen,
Und die Steine schrien auf,
Weil sie ein Pult wie damals bildeten,
Und sie erinnerten sich nun
Und wussten auch die Textpassagen,
Die von dort verlesen worden waren.
Man schrieb mit
Und hatte dann die Übersetzung,
Die verlas man so:

„Bin euer Schwarzhemdstandortarzt
Und gehe allen Klagen nach,
Und man beklagt das Essen.
Essen wurde untersucht,
Die Werte, liegen wenig unter Werten
Wo die Werte für Verpflegung liegen sollen.
Reichen eben aus, das ist genug.
Gehalt an Kalorien ist festgelegt,
Ist wissenschaftlich untersucht,
Stellt ganz und gar neutrales Amt zufrieden,
Weicht nur wenig ab,
Mit einer Toleranz von vier Prozent nach unten,
Andre liegen viel, viel tiefer.

Habe auch Vergleiche mit Tabellen angestellt,
Kann hier nur gratulieren,
Wollen ja nicht Winterspeck ansetzen,
Kleiner Scherz,
Es ist nicht angestrebt,
Mit der Ernährung zusätzlich Reserven
Anzulegen,
Kann nicht Sinn des Arbeitslagers sein.

Es sollen alle alles geben
Und nur wenig dafür nehmen.

Zubereitung, Sauberkeit in dieser Häftlingsküche
Ausgezeichnet,
Spreche von vorbildlich,
Habe nichts Bemerkenswertes,
Meine Ungesundes, in mein Protokoll
Zu nehmen.
Schwarzhemdstandortarzt befindet alles
„Sauber, einwandfrei",
Verwaltung ist "gerecht";
Ein Glücksfall, dieses Außenlager, .
Andre Lager leben mit ganz andren
Kompromissen und Entscheidungen.
Wir singen jetzt ein Lied:
„Vernichtung durch die Arbeit"
Und danach:
„Die Arbeit macht euch frei".

Die Frauen die ihn hören mussten,
Standen still
Und lauschten auf das Lied der Drossel,
Die im Grün der Büsche
Spottete.

Es kommt nun eine Frau,
Das ist Frau B.,
Die ist ganz stumm
Und hält den Zettel in der Hand,
Den reicht sie durch die Maschen zu den Jugendlichen,
Darauf steht:
„Ich bin nun stumm
Und habe noch ein Band,
Das ist ein Tonband,
Wie wir es noch kürzlich hatten.

Heute habt ihr eure Steinkristalle,
Darin speichert ihr die Welt
Und ihr wisst alles,
Und auf meinem Band befindet sich ein Interview,
Das haben wir, Herr F., Frau F.,
Und ich gegeben,
Und ihr könnt es hören, wenn ihr wollt".

Sie hat auch das Gerät, es abzuspielen,
Und die Jugendlichen denken an das Essen,
Das steht fertig,
Und sie sollen es sich noch nicht nehmen,
Und sie wollen die Geschichte mit dem Hunger
Nicht mehr länger akzeptieren.

Man beschließt noch dieses Band zu hören,
Man beschließt zu warten mit dem Essen,
Dann kann die Erfahrung mit dem Hunger,
Die Erfahrung werden, die noch fehlte,
Und sie wollen es nicht übertreiben,
Und sie einigen sich auch mit denen,
Die den Zaun bemalen,
Ohne deren Einverständnis,
Und die stehen immer noch auf ihrem Steinpult,
Und sind so besessen,
Dass sie nicht ans Essen denken,
Und sie lachen über ihre „Fressgenossen",
Und sie wollen ihre Arbeit fertigbringen,

Und die andre Seite ihres Zaunes
Ist ja auch noch anzustreichen.

So beginnt das Band es wird zurück gespult,
Ein Interview mit einer Frauenstimme,
Und Frau B. hebt ihren Finger,
Das ist also sie:
„Die Aufsicht über jede Aufsicht
Hatten drei der Schwarzhemdmänner
Und drei Schwarzhemdfrauen.

Zwei von ihnen blieben stets im Lager,
Vier begleiteten den Zug der Frauen
Nach dem Bahnhof Poppenbüttel,
Und die Aufsicht über jede Aufsicht
Wohnte in zwei Wohnbaracken,
In zwei Augen,
Die in ständiger Betrachtung,
Nach den Frauen in dem Lager trachteten.

Sie hatten über sich,
Für das Willkommen, einen Gruß:
„Dies ist das Arbeitslager Sasel,
Stehenbleiben ist verboten"!

Es war ein Tag,
Der endete nun doch mit Essen
Und Gesprächen,
Und der Lebensmittelsupermarkt
Erkannte die Gelegenheit
Und schenkte jedem, der dort war,
Ein Lunchpaket, das sättigte,
Und die, die draußen standen,
Das ist außerhalb des Zaunes,
Würden niemals wieder satt,
Die Jugendlichen innerhalb des Gitters
Spürten, dass die Sattheit sich
Unangenehm erinnerte

Und die von ihnen,
Die noch immer an dem Gitter malten,
Waren über alles Maß erhaben
Und verschlangen ihre Mahlzeit
Nebenbei,
Und alle überschliefen diesen ersten Tag
Und trafen sich am zweiten wieder.

Heute ist der zweite Tag,
Wir hören wieder in das Interview vom Band
Und auf Frau B.,
Die fährt nun fort:
Es waren etwa vier Mal hundert Frauen in dem Lager,
Und zum Ende, als das Ende kam,
Kam noch ein Schub,
Der brachte zwei Mal hundert neu dazu.

Die Schwester von Frau B.
Und eine andre Frau begaben sich
Nach Poppenbüttel,
Um hier Nahrung den Insassinnen zu bringen.

Als die Schwarzhemdfrauen die Kontakte sahen,
Schrien sie ihre Lumpenmannschaft an,
Und doch schien es nach außen,
Dass sie sich nicht an den Häftlingen vergingen.

Einer von der Wache
Sah in eine weite Weite,
Die war intressant für ihn,
Sonst sah er nichts
Und wollte auch nichts sehen
Und er gönnte denen ihre Spenderinnen.

Überwiegend trugen die Insassinnen
Den gelben Stern, der wies sie aus
Und zeigte, dass sie Juden waren.

Diese Frauen schufen in Kolonnen.
Und sie bauten fünfzig Plattenhäuser,
Daraus wurden je zwei Eigenheime,
Und sie wurden denen, die sie schufen,
Nicht zu eigen und kein Heim
Und wurden doch sofort bezogen,
Und, die sie bezogen,
Hingen ihre Augen in den Heimen auf
Und sahen nicht nach draußen,
Halfen denen nicht,
Die hier geholfen hatten,
Standen in der Angst,
Die Hilfe könnte schaden.

Interview mit dem Paar F.,
Das wohnt noch in dem Plattenhaus
Am Pfefferminzkamp Nummer (Fragezeichen)
Erste Frage:
Wie verstanden sie den Bau des Hauses
Und was wussten Sie darüber
Und was über dieses Lager nebenan?
Die Leute, die die Trümmer ihrer Häuser
Überstanden hatten,
Konnte man zum Teil
Hier unterbringen.
Große Firmen leiteten den Bau der Häuser
Und es gab viel Eigenhilfe.

Zweite Frage an das Paar:
Was dachten Sie denn über Juden,
Allgemein die Juden?
Er sagt ganz spontan:
Ich hatte meine eigenen Gedanken,
Und ich glaubte nicht, was man mir sagte,
Überall traf man auf Hass,
Der richtete sich gegen sie,
Weil man von ihnen sagte,
Dass sie an den 'Fäden' zögen,

Ihre Finger hätten sie in jeder Sache,
Und vor der Vertreibung wären sie als die
Geschäftemacher und Besitzer
Aller Wäscherein und Schuhgeschäfte
Überall verschrien gewesen.
Danach hat man sie verfolgt,
Und fliehen konnten nur die wenigen,
Die Bargeld hatten,
Und man machte Jagd auf die und die und fing sie ein.

Das ist nicht nur bei uns geschehen,
Sondern überall wo sich
Ein Schwarzhemd sehen lassen konnte,
Und die eingefangnen Juden
Sprachen oft kaum unsre Sprache,
Und sie kamen aus den andren Ländern.

Über die im Lager
Konnte man nur in dem allerengsten Kreise
Der Familie reden.
Jeder Fremde,
Jeder Außenstehende stand im Verdacht,
Uns zu verdächtigen,
Es gab genügend Leute, die 'gesessen' hatten,
Und, wer das nicht annahm und nicht glaubte,
Wollte es nicht glauben,
Oder war zu dumm.

Bei den Kontakten der Insassinnen
Mit Außenstehenden
Misshandelte man diese Frauen,
Und sie mussten immer, immer arbeiten,
Das nahm kein Ende.
Dritte Frage:
Wann begann und endete der Bau
Der Plattenhäuser?
Diese Häuser hatten einen kurzen Weg,
Der dauerte ein Jahr.
Sie standen bis zum Ende

Dieses schlimmen Krieges
Nur am Kritenbarg und an dem Pfefferminzkamp,
Das sind kleine Straßen.

Als das Ende kam,
Verschwanden alle Insassinnen,
Und sie konnten ihre Plattenhäuser
Nicht zu Siegeshallen machen.

Wenige und restliche davon
Errichteten dann andere danach.

Wir wissen nicht,
Wohin die Frauen gingen,
Wohin sie entlassen wurden, ob man sie entließ,
So dass sie ihrer Wege gehen konnten,
Oder ob man sie am letzten Tag
Noch in die Grube zu den Brüdern
Und den Schwestern stieß
Und sie verließ in der Verlassenheit.

Vierte Frage:
Hat man die Besitzer dieser Häuser
Etwas übers Lager wissen lassen,
Was hat man erzählt,
Was wussten Sie?
Wir hatten nur Vermutungen
Und wussten nichts genau
Und waren auch in einer Fremde,
Fast so wie die Frauen.
Aber die, das sahen wir im letzten Winter,
Waren schrecklich dran.
In Eiseskälte gingen sie mit 'Plunder'
An den Füßen
Und bekleidet mit den Tüten für Zement,
Sie sahen schlimmer aus
Als 'Penner', wie wir heute sagen,
Mussten auf den Pritschen schlafen,
Ohne Stroh, so wie sie waren,

Wurden morgens hochgetrieben,
Mussten an die Arbeit, dann zurück
Und immer neu, und immer neu
Und Tag für Tag,
Und schlimmer als die Männer
Waren Schwarzhemdfrauen,
Und er habe selbst auch einmal
Etwas „eingefangen", sagt Herr F.
Das hatte aber keine Folgen,
Weil er in dem Schutz der Wehrmacht stand.

Die Schwarzhemdfrauen
Schlugen in der Kälte auf die Kälte
Und sie schlugen, was sie trafen,
Und es tat sich mancher Sprödbruch auf
Und mancher neue Riss
Lief durch die Haut.

Fünfte Frage:
Wissen Sie, wie lang' die Judenfrauen
Täglich auf der Arbeit waren?
Das ging mit dem Hahnenschrei.
Sowie die Sonne kam
Und sich die erste Helligkeit
Nach draußen wagte,
Hatten sie Appell, dann ging es ab,
Und mit dem Dunkelwerden
Waren sie zurück.
Die Arbeitszeit empfand man als normal,
Es gab auch Arbeitspausen,
Und die Frauen machten harte Männerarbeit,
Das war schwere Erdarbeit.
An Flucht war nicht zu denken.

Sechste Frage:
Hatten Sie nun selber Fragen
Auf der Zunge, oder haben Sie gefragt,
Und mussten Sie sich nicht Gedanken machen
Über das, was Sie vor Augen hatten?
Wenn man zu viel fragte,
Hätte man die Antwort
Sicher bald aus erster Hand gewusst,
Das wollte niemand.
Sonst erhielt man eine gute Antwort:
„Alles bestens, hier ist alles bestens,
Kümmern Sie sich nicht darum".

Die Wachen gingen
An der Fragerei vorbei,
Und richtig informieren
Konnte man sich nicht.

Die siebte Frage:
Hatten Sie Verbindung
Zu Insassinnen?
Verbindung gab es nicht.
Die Judenfrauen waren schüchtern,
Und sie waren eingeschüchtert,
Und sie wussten ja Bescheid
Was kommen würde,
Wenn sich andere auf sie beriefen
Und mit dem Bescheid an vorgesetzte Stellen gingen,
Und sie konnten unsre Sprache kaum
Und waren nie allein,
Sie standen stets im Schatten einer Wache.

Manchmal haben wir von unsrer Suppe,
Erbsensuppe, abgegeben,
Und wir konnten sie an zwei, drei Frauen geben,
Und die hatten keine Zeit zum Essen,
Nicht zum Schlingen,
Sondern haben ihre Suppe
Weggeschluckt, das dauerte Sekunden.

Achte Frage:
Haben Sie den Abtransport
Von Judenfrauen miterlebt?
Wir wissen davon nichts.
Hier waren etwa hundertfünfzig Frauen,
Die dieselben blieben,
Und die waren stationiert im Lager.
Das war kein KZ,
Das war ein Arbeitslager.

Neunte Frage-.
Haben Sie gesehen,
Dass die Judenfrauen im Kommando lebten
Und die Arbeitsplätze wechseln mussten,
Transportierte man sie ab?
Transporte haben wir gesehen,
Aber niemand wusste ihren Weg.
Ja, wir vermuteten Verschiedenes
Und dachten uns,
Die müssen wohl nach Ochsenzoll,
Das ist nicht weit von hier,
Und sollen dort die Hülsen für Granaten schmieden
Oder Panzerketten bauen.

Zehnte Frage:
Sagen Sie, wie wurden die verladen
Und wie sahen Züge aus,
Die diese Züge transportierten?
Man nahm alte Eisenbahnwaggons,
Nicht mehr als einen oder zwei,
Die hielt man frei für Judenfrauen.

Jeder Wagen war von außen abschließbar.
Man fuhr nicht mehr als fünfzig Frauen.
Eine Flucht war ausgeschlossen,
Wachen waren überall.
Ich weiß auch nicht,
Ob alle wiederkamen.

Wenn sie standen,
Schwankten sie auf wackeligen Beinen,
Das kam nicht von ihrer Fahrerei,
Das kam von ihrer Schwäche,
Und sie waren nur noch Haut und Knochen.

Manchmal sahen wir sie sich
Um Reste prügeln, zanken,
Die sie aus dem Mist gezogen hatten,
Der war angehäuft,
Das ekelte uns an.

Die elfte Frage
Ging ums Essengeben an die Frauen,
Was die Wache dazu sagte,
Und es hing ganz von der Wache ab,
Die wechselte sehr oft.

Die letzte Frage dieses Interviews:
Erinnern Sie siehe
Ob man ihnen die Begründung nannte
Für die Arbeit,
Die doch so unmenschlich war,
Warum man keiner Essen geben durfte?
Sehen Sie,
Die Schwarzhemdmenschen
Hatten eine Propaganda,
Die war, wie sie sagten, eine Herzensstimme,
War die Stimme unsres Volkes,
Die bestimmten sie,
Es war die Stimme eines einzigen,
Und diese Stimme sagte,
Dass es sich bei diesen Menschen
Nicht um Menschen handelte:
„...denn das sind keine Menschen".

Sie bekamen nur das Notwendigste,
Und das Volk erhielt ja auch nicht viel.

Wer aus den Wachen stumpfe Pfeile machen wollte,
Lenkte deren Wut
Auf diese Judenfrauen.

Wer hier helfen wollte,
Musste Essen, Kleidung, Schuhe
An die Straße stellen,
Und es war ja keine Hilfe, wie man half.
Die Frauen waren nicht zu sprechen
Und sie sprachen nicht
Und waren nie allein.

Es kommt ein Jugendlicher
Aus dem Alstertal gelaufen,
Der bringt eine alte Ladenkasse,
Darin liegt ein Kassenbuch,
Und drückt man auf die Öffnungstaste,
Klingt die Glocke,
Die ist eingebaut und funktioniert noch immer,
Und sie ist ein Kuckucksruf
In den Gesprächen,
Und es liegt noch etwas Geld in ihren Fächern.

Aus dem Kassenbuch entnimmt man
Die Belege,
Und der Jugendliche sagt,
Darunter liegt ein Brief, den möchte er verlesen,
Und den hat der Kassenwart geschrieben.
Der Bestand der Kasse ist ganz abgerechnet,
Und er liest nun vor:
„Die Regelung und der Bestand:
Die Arbeitszeit der KZ-Außenstelle, Hamburg-Sasel
Ist die Zeit vom
Sonnenaufgang bis zum Sonnenuntergang.
Als Arbeit haben alle Frauen
Schwerstarbeit zu leisten,
Das ist „Trümmerräumen" in der Innenstadt,
Das sind die Erdarbeiten für die Plattenhäuser

Vor den Toren dieser Vaterstadt, in Sasel,
Das soll diesen Frauen keine Stadt der Väter werden,
Und sie sollen dort im Pfefferminzkamp graben,
Weiter haben sie im Kettenwerk von Langenhorn
Zu schaffen
Und sind zu verwenden
In der Produktion von Hülsen
Für Granaten und Kartuschen.

Diese Frauen hat man zu verbrauchen,
Sind erschöpfend zu verbrauchen,
Für Verlegung kleiner Loren zu den Plattenhäusern,
Das sind kleine Wagen,
Die auf Schienen fahren und geschoben werden,
Und den Anfang nehmen sie am Bahnhof Poppenbüttel,
Und sie haben alles gut zu warten
Und zu reparieren.

Weiter sind sie einzusetzen
In den Atemschutzfabriken,
Das sind Gummiwerke, die in Barmbek stehen,
Dort sind Masken zu verkleben,
Und sie haben Bombenopfer einzusammeln,
Aufzulisten
Und in Ohlsdorf zu begraben.
Diese Arbeit kann man heimatliche Frauen
Nicht verrichten lassen,
Weil es eine Schande wäre,
Die fiel' aufs Regime.

Beim Einsatz ist kein Unterschied zu machen
Zwischen männlichem und weiblichem Geschlecht,
Und jeder Häftling ist dem andren gleich zu setzen,
Und die Gleichheit ist hier ausgesetzt,
Und die Bekleidung ist dem Ziel,
Den Häftling auszuschöpfen, anzupassen,
Sie muss dürftig sein,
Auf Arbeitsschutz soll man nun ganz verzichten.
Unverzichtbar werden Opfer unter ihnen sein,

Die soll man nicht beklagen,
Sondern aus der Liste streichen,
Und es kann ein Unfall bei der Lorenarbeit sein,
In der Fabrik,
Es kann ganz einfach Krankheit sein".

(In Sasel ist ein Totenbuch geführt,
man siehe auf die Bergstedt- Totenliste.
Von den fünfmal hundert Frauen strich man
Fünfunddreißig aus.)

„Wir rechnen für den Winter mit noch mehr,
Die brauchen einzeln nicht erfasst zu werden".

Dann beruft der Kassenwart sich auf den
Schwarzhemdhauptverwaltungsleiter Pohl,
Von dem ist ein Befehl gegeben worden,
Der liegt abgedruckt dabei:

„Entscheidung liegt allein beim Lagerkönig.
Anvertraute Unvertraute sind erschöpfend
Zu verwenden
Und im wahrsten Sinne zu verwerten,
Zu erschöpfen,
Leistung ist als Höchstmaß zu erreichen
Danach ist Ernährung einzurichten,
Darf nicht als Reserve dienen,
Ist nicht Vorratshaltung.
Beispiel Sasel lässt sich gut verwenden".

Soweit der Befehl.

Der Kassenwart hat Buch geführt
Und keinen Lohn gezahlt,
So, zahlte der sich aus.
Er wurde abgeführt an eine Schwarzhemdrechnerei.
Von den Fabriken ist pro Tag, pro Frau
Ein Tagegeld von vier Mark auszuzahlen,
Das ergibt in einem Monat

Bei den fünf Mal hundert Frauen,
Fünfzigtausend Mark,
Und Schwarzhemds Kasse füllte sich,
Und stärkte sie
Für neue „Wirtschaftsunternehmen" dieser
Und auch andrer Art.

Private Firmen,
Und die Väter dieser Stadt,
Vermaßen sich, mit diesem Maß zu messen
Und gewannen dadurch,
Dass sie Unermessliches verloren
Und verloren, was für sie nicht messbar war,
Und waren doch die Väter einer Stadt,
Die waren viel beschäftigt mit Verstoßen
Und Vermessensein.

Die Kasse hat noch Groschen,
Die sind nichts mehr wert,
Und sind ein Wert, den kann kein Mensch bezahlen,
Und man zeigt sie, reicht sie sich
Von Hand zu Hand,
Lässt den Bericht die Runde machen,
Und man weiß,
Es sind die echten Zeilen.
Besser wäre es für sie gewesen,
Dass es nie Papier für ihre Niederschrift hätt' geben müssen.

So sah man in' s Lager
Als in eine Wechselstube,
Die das Blut direkt in Groschen tauschte.

Das Ende dieses Krieges
War noch lange nicht das Ende,
Und der Anfang dieses Endes
War für viele noch das Ende,
Und man brachte in den letzten Tagen
Viele der Insassinnen nach Bergen-Belsen.

Keiner kann darüber
Eine ganz genaue Auskunft geben.

In den letzten Tagen, schreibt Frau K.,
Fuhr man noch Frauen mit dem Wagen
Aus dem Lager.
Der Transport wurd' unerwartet aufgehalten,
Als ein Polizist ihn stoppte,
Und es flohen einige der Frauen.

Dieser Polizist,
So meint Frau K. zu wissen,
Wurde später von der englischen Besatzungsmacht
Verurteilt, und die Gründe blieben unbekannt.

Der Frühlingsanfang dieses Jahres
War schon überschritten,
Und das Frühjahr war genau vier Wochen alt,
Als in dem Lager etliche der Frauen starben,
Das fiel auf, und wir vermuteten,
Dass man sie tötete,
Weil sie von allem zu viel wussten.

Die Besatzungsmacht kam näher
Und die ersten Schwarzhemdfrauen,
Die die Wache machten,
Flohen in der Kleidung
Ihrer anvertrauten Unvertrauten,
In der Sträflingskleidung,
Andere, das wusste man genauer,
Flohen in die „Alte Mühle", das war nahe bei,
Und war ein Fliegerheim gewesen.

Kapitulation war das Signal
Für die Besatzungsmacht,
Die kam mit Jeeps zum Lager.

Unter denen auf der andren Seite
Das ist diesseits jenes Zaunes,
Ist Herr N., der hält sich nicht zurück
Und schildert allen wie es war
Und sagt:
„Die meisten dachten so wie ich, so dachte ich,
Und damals war ich fünfzehn Jahre alt
Und lebte in Begeisterung
In unsrer Hitlerjugend.

Wir erlebten, wie das Lagertor geöffnet wurde,
Wie man diesen Knoten aufschlug:
An der „Alten Mühle" gab es einen Sportplatz,
Der war lange schon ein
Abgesperrter Übungsplatz für
Schwarzhemds Leute, die betreuten dort
In Schlaf- und Wohnbaracken
Ihre fliegenden Kommandos,
Die entließen sie nur nachts in ihren Himmel
Um zu kämpfen,
Und sie feierten dort viele Feste
Mit den Schwarzhemdfrauen,
Alle waren stationiert in:
„Fuhlsbüttel, Einsatz für das Vaterland,
Das braucht nun jeden Mann".

Mit diesem Ende gab es plötzlich keine
Schwarzhemdfrauen mehr,
Sie waren in ein Nichts verschwunden,
Übrig waren nur die Wachen.
Auch die Flak war abgebaut und fortgeschafft,
Wohin, vermochte niemand mehr zu sagen,
Und Herr N. war zur Marine kommandiert.

Viel später kam er selbst
Als Ende eines Endes wieder,
Und es war das Ende dieses Krieges,
Und er stieß auf die Besatzungsmacht,
Die war motorisiert und fuhr mit Jeeps
Und hatte den Verdacht in Sasel:
„..dass da irgendetwas war".

Im Stacheldraht des Lagers
Hingen die Gefangenen
Und rissen an dem Zaun,
Der hielt der Freude stand:
„Wir sind nun frei,
Sind frei,
Sind frei"!
Und kamen doch nicht frei,
Weil niemand einen Schlüssel
Für das Tor des Lagers hatte,
Und die Menschen standen auf der andren Seite
Im Gelände und erstarrten vor dem Zaun
Und dem Geschrei,
Und die Besatzungsmacht nahm sich die Macht
Und brach das Tor,
Damit es sich den andren endlich öffnete.

Die Frauen stürmten durch
Und schrien und riefen:
„Tommys, hurra Tommys"!
Und verliefen sich nicht in der Gegend
Und verliefen sich sofort,
Und sie genossen ihre Freiheit,
Und es konnte niemand Ruhe über sie vergießen,
Und sie brachen aus
Und brachen ein in die Fabrik, ganz in der Nähe,
Dort entdeckten sie
Und wussten sie von Marmeladefässern,
Die zerrissen sie
Und hungerten so sehr nach Süße,

Und es waren alles Judenfrauen,
Polinnen und auch Zigeunerinnen.

Dann fing man die Frauen wieder ein,
Sie medizinisch zu versorgen,
Und das Lager wurde offiziell
Erst ein paar Tage später aufgeschlossen
Und befreit.

Man fürchtete ein Chaos,
Und man wollte es vermeiden,
Und es kamen Angehörige aus andren Lagern:
Auschwitz, Buchenwald,
Die Frauen abzuholen.

Das betraf jedoch nur wenige,
Und andre gingen betteln,
Und von einer Frau, die das Dilemma sah,
Weiß ich, dass sie die Kleidersammlung
Unter der Bevölkerung ins Leben rief
Und sie organisierte.

Andere beschwerten sich, dass
„die Zigeunerinnen wieder stehlen, betteln kommen".
Einige Insassinnen verbeugten sich
Und zeigten Peitschenstriemen,
Die sie von den Schwarzhemdfrauen hatten.

Von Herrn N. erfuhren die,
Die alles wissen wollten,
Noch ein wenig mehr, und er erinnert sich:

Wir hatten zwei Soldaten aufgenommen,
Und mit ihnen ging ich in die Tannenschonung,
Um uns Holz zu suchen,
Als wir zwei Kolonnen sahen,
Darin schwärmten jeweils fünfzig, sechzig Frauen aus.
Die eine kam direkt vom Wald,
Und strebte auf die Sportbaracke zu,
Die andere vom 'Redder Mellingburg'
Mit gleichem Ziel.
Nun sahen wir noch eine dritte,
Die kam von der 'Alten Mühle',
Die entdeckte jemanden,
Der aus dem Fenster fliehen wollte,
Und es war die erste Schwarzhemdfrau,
Die griffen sie sofort
Und zerrten auch die anderen aus der Baracke,
Die war eingekreist,
Und ließen ihre Wut an ihnen aus
Und schlugen auf sie ein
Und rissen ihre Haare aus
Und hielten eine nur
In einem kleinen Kreis geschützt,
Die hatte ihnen nie etwas getan,
Geholfen, wo es ging.

Die andren mussten dann ihr Strafgericht beenden,
Weil die „Tommys", ihre Retter,
Sich zu falschen Rettern machten,
Und die luden sich die Schwarzhemdfrauen
Auf die Wagen.

Heute sagt Herr N. nur:
Damals sagten wir nach vierzehn Tagen:
„Alles ist gelaufen,
Alles hatte sich verlaufen,
Niemand war mehr in dem Lager,
Alle hatte man entlassen.

Die Baracken wurden angesteckt
Und abgebrannt, was dort noch brennen konnte.

Man verstand im Nachhinein
Die Schwarzhemdfrauen nicht,
Die sich so nahebei
Versteckt gehalten hatten.

Die Bewohner Sasels, sagt Herr N.,
Und er sah ab von wenigen,
Sind nicht in der Partei gewesen,
Sondern war'n verschrien als
„Sozies" und als Kommunisten,
Und sie hatten all die Jahre ihren Mund gehalten:

„Schweig", wenn du nicht immer schweigen willst,
Wenn du nicht willst, dass sie dich holen,
Und die meisten haben nichts gewusst,
So sagt Herr N.

Er selbst war damals überzeugter Hitlerjunge,
Und er war das Bild an sich,
Das man von einem Hitlerjungen hatte,
Und er idealisierte es mit seinen blauen Augen
Und dem blonden Haar,
Das hatte auf der linken Seite einen Scheitel,
Und er dachte über die KZ's:
Die haben ihre Ordnung,
Und die haben ihren Sinn,
Und drinnen sitzen nur die Minderwertigen
Und Arbeitsscheuen
Und die falschen Rassen.

Auch Herr N. sang mit im Hitlerjugendchor
Und zog mit dem
Zwei Jahre an die Front zu den Soldaten
Und in Lazarette,
'Um die Herzen zu erfreuen
Und zu stärken,'
Und man sang am liebsten Lieder von
„Blutroter Sonne,
Die im Lande aufging",
Und sprach danach noch ein Gedicht,
Das stand total im Gegensatz zu dem,
Was er zu Hause sah und hätte sehen müssen
Und nicht sah
Und auch nicht übersah.

In Wahrheit zeigte er mit seinen Liedern
Die verkehrte Seite,
Und er habe nie darüber
Nachgedacht,
So sagt Herr N.

Die Jugendlichen kennen heute
Kaum noch Lieder.
Einer Frau, die später erst gehört wird,
Fällt das auf,
Und sie fragt nach.

Sie meint sie hätte früher
Alle Strophen vieler Lieder
Auswendig gewusst,
Und schöne Melodien, erinnert sie,
Hat sie gekannt,
Die kennt heut' keiner von den Jugendlichen mehr.

Inzwischen haben sich die Fragenden
Mit denen, die die Antwort geben, überall vermischt,
Der Zaun trennt sie nicht mehr,

Und die, die es bezeugen wollen,
Dadurch, dass sie von dem Zeugnis hören,
Sind nun unter denen,
Die das Zeugnis sind.

Die andre Gruppe,
Die den Zaun anstreicht,
Ist immer noch besessen
Und kommt gut voran
Und malt auf beiden Seiten,
Und es haben sich noch einige der Jugendlichen
Angeschlossen,
Und sie helfen mit
Und fragen nicht warum
Und nicht, an was sie helfen,
Und sie helfen, um zu helfen,
Und erfreuen sich daran.

Von einem, der zusammenfassen möchte
Hört man:
„Immer wieder gibt es Leute,
Die in Listen leben,
Die das Leben anderer durch Siebe gießen
Und den Rest betrachten,
Den vermerken sie,
Und sie vermerken, so wie hier,
Die Grausamkeiten,
Sehen auf das Massenelend,
Und es ist zu schwer für sie
Und fast unmöglich,
Nur ein Einzelschicksal zu erfassen".

Was man bisher hörte, waren Stimmen,
Die als Echo von den Wänden
Auf ganz junge neue Hörer trafen,
Und die Rufer selbst sind dabei
Ungehört geblieben.

Man erinnerte sich ans Geschrei des Nachts,
Ans Schreien unter kalten Duschen,
An die Schreie: „Hunger, Hunger",
Und den Schrei, der sich auf alle Schreie legte:
„Wir sind frei, sind frei, sind frei"!
Und stumme Namensschreie
Findet man nur in den Friedhofslisten Bergstedts,
Und man weiß noch etwas über eine „Kleine Maria",
Etwas über eine Russin,
Die mit sechzehn Jahren in das Lager kam,
Weil sie den Ausweis nicht
In ihren Händen hatte,
Weiß noch etwas über eine unbekannte Jüdin,
Die sich später von Paris aus
Bei Frau K. bedankte.

Hat Adele Enoch hier das Kind geboren,
Das mit dreiunddreißig Tagen starb,
War sie es, der Herr Doktor Y.
Den Beistand bringen sollte?

Jede Suche nach dem Einzelschicksal
Muss verebben,
Und es war doch eine Flut,
Die lebte nur aus Einzelschicksalen.

Trotzdem versucht man nun in zwei Berichten,
Davon etwas aufzuzeigen:
Erstens schreibt Frau E. von sich
Und der verstorbenen Sulejka Klein.

Dann hören wir die Lehrerin, Frau U.
Und ihr Gespräch mit einer Unbekannten,
Einer Jüdin aus dem Balkan, nahm sie an,
Die lernte sie in einem
Kettenwerk in Langenhorn in Hamburg kennen.

Ganz am Ende steht dann noch
Die winzige Facette einer Jüdin,
Die aus Lodz berichtete,
Dass andere Insassinnen des Lagers heute in
Australien, in Amerika, in Israel und Frankreich
Leben sollen.

Nun Frau E.,
Die ist Zigeunerin und wohnte in Berlin
Und wurde dort vernommen
Und dann festgenommen
Und nach Ravensbrück verschleppt
Und ins KZ gesteckt,
Dort wurde sie zur Straßenarbeit eingesetzt.

In diesem Lager traf Frau E.,
Das erste Mal auf ihre eigene Kusine,
Die war ungewöhnlich schön
Und hieß Sulejka.

Eines Tages machte eine neue Hoffnung
Eine neue Runde unter den Gefangenen:
Man suchte,
So berichteten die Frauen, die es wussten,
Ein paar Frauen als Modell,
Die würden als Belohnung
Ihre Freiheit ganz und gar zurück erhalten,
Und Frau E. verstand sofort,
Dass man wohl nicht Modelle suchte,
Sondern hübsche Frauen fürs Bordell
Und hörte auch, dass diese Frauen
Einem Schwarzhemdkönig selbst gefallen mussten.

Das verstand sie alles richtig,
Und sie lud sich Abfall auf den Leib
Und wälzte sich in Asche,
Ging dann freiwillig nach vorne in die erste Reihe
Zum Appell,

Und man beschimpfte sie:
„Du alte Drecksau"
Und verjagte sie mit einem Fußtritt,
Das war eine Rettung,
Die sie für sich wünschte.

Von fünfhundert Frauen,
Die man fand,
Und ihre eigene Kusine war nicht unter ihnen,
Kamen nur zwei wieder.
Alle andren wurden in demselben Lager
Gegen 'Krankheiten' gespritzt,
Man spritzte sie mit Waschbenzin
Zu Tode.

Danach kam sie in das Arbeitslager
Barth in Pommern.
Die Kusine blieb zurück.

Sie selber musste Nieten lernen
Und vernietete an siebzehn, achtzehn Stunden täglich,
Flugzeugteile,
Und sie durfte nicht den kleinsten Fehler machen.

Jeder der nur einen Fehler machte,
War ein Saboteur
Und wurde an die Wand gestellt.

Zwei junge Mädchen hatten an dem Arbeitsplatz,
Sie waren vierzehn Jahre alt und fünfzehn,
Aus Versehen und aus Überforderung
Ein Werkzeug eingenietet,
Und sie wurden noch am selben Tag
Erschossen.

Dort blieb sie drei Monate,
Dann wurde sie ins Kettenwerk
Nach Langenhorn gebracht.

Dazwischen lagen andere Transporte,
Dabei wurde jedes Maß an Grausamkeit,
Unmenschlichkeit erreicht
Und überschritten.

So wurd' den KZ- Insassinnen gesagt,
Sie würden ein paar Stunden
Unterwegs sein,
Und man sperrte sie in Wagen ein,
Die schloss man einfach ab
Und ließ sie reisen,
Und es waren manchmal Wochen,
Die sie in Waggons verbringen mussten,
So dass viele unter ihnen starben,
Die ließ man am Boden liegen,
Und es trieb sie Durst und Hunger
Zu den Schreckenstaten,
Dass sie Fleisch in Fetzen von den Körpern rissen
Und es aßen,
Und sie tranken ihren eigenen Urin.

Die Leichen blieben später in den Wagen.

Nur in Häftlingskleidung kam Frau E.
Vom Langenhorner Kettenwerk
Zum KZ-Außenlager Sasel.
Dort traf sie noch einmal auf Sulejka K.

Die einst so schöne, junge Frau
Von siebzehn, achtzehn Jahren
Lag nun auf dem Steinfußboden,
Der war kalt, im Sterben.
Die Kusine war von einem Schwarzhemd
Vergewaltigt worden
Und sie starb an einer Totgeburt,
Die hatte sie grad' hinter sich.

Sulejka hatte mit der Mutter
Einen Leidensweg beschreiten müssen,
Der begann in Königsburg
Und führte gleich nach Auschwitz,
Wo man ihre Mutter von ihr trennte und vernichtete.
Das wusste ihre Tochter nicht,
Die war noch arbeitsfähig,
Und man steckte sie nach Ravensbrück
Und dann nach Sasel,
Wo sie jämmerlich zugrunde ging
Und auch beerdigt wurde,
Das war in den letzten Tagen dieses Krieges,
Und sie hatte eine Nachricht
An die Mutter hinterlassen,
Die blieb bei Frau E.
Frau E. erlebte dort das Ende mit,
Als man das Lager öffnete und sie befreite,
Und es hatte zu der Zeit
Um tausend Frauen aufgenommen,
Die aus ganz verschiednen Lagern kamen
Und in Poppenbüttel
Plattenhäuser hatten bauen müssen,
Und sie wurden von den
Schwarzhemdfrauen überwacht.
Die flohen plötzlich
In der Häftlingskleidung,
Und sie wurden abgelöst von Zollbeamten,
Die sehr nett und freundlich
Zu den Frauen waren.

Die erwarteten das 'Rote Kreuz‘,
Das sie in ihre Heimat bringen sollte.
Das geschah zum großen Teil,
Wenn es geschehen konnte,
Und das Lager wurde abgebrannt,
Und für Frau E.
Ließ man doch eine der Baracken stehen,
Darin wollte sie von nun an wohnen und in Sasel bleiben.

Die Jugendlichen hatten sich

Am Zaun ein wenig eingerichtet,
Und die Zeugen, die ja Zeugnis waren,
Wehrten sich ein wenig,
Eine Einrichtung zu werden,
Und sie gaben doch Bericht,
So gut sie konnten und vermochten,
Und die Jugendlichen hatten sonst
Ja nur die Steine, die bewegten sich
Nicht von der Stelle.

Frau U. ist eine Lehrerin,

Und die berichtet nun.

Die Jugendlichen hatten sie
Schon einmal angesprochen,
Weil sie wussten, dass die Frau
Als junges Mädchen in den Kettenwerken
Einer Munitionsfabrik am Bahnhof Ochsenzoll
Im Zwang gestanden hatte.

Damals war der Krieg,
Und sie und andere Studenten
Hatten Kriegseinsatz zu leisten,
Und man hatte sie gezwungen
Und sie vor die Wahl gestellt.

Sie war sich schnell mit ihrer Freundin einig
Und entschied sich,
Nicht als Schaffnerin auf einer
Straßenbahn zu fahren.
Ihre Angst vor Bomben war zu groß.
Als Schaffnerin auf einer Straßenbahn,
So dachte sie,
Wär' nie ein Bunker in der Nähe,
Und sie ging zur Munitionsfabrik.

Hier kam sie in ein Kettenwerk,
In einen extra Raum,
Der wurde den Studenten zugewiesen,
Und man wollte diese jungen Mädchen
Nicht sofort an die Maschinen schicken,
Und man bildete sie aus,
So gut es ging, so schnell es ging,
Das dauerte zwölf Wochen,
Dann fand man sie in den Hallen wieder.

Und Frau U. war klein,
Die Hallen waren riesengroß,
Da drinnen standen elf Maschinen,
Die bis an die Decke reichten.
Die Maschinen pressten
Hülsen für Granaten,
Und sie hatte deren Größen nachzumessen.
Alle Frauen die dort saßen,
Saßen auf dem Stuhl,
Das war erlaubt,
Und die Maschinen warfen immer nur
Die Hülsen aus
Und spuckten sie den zwanzig Frauen
Vor die Füße,
Fast in ihre Schöße.

Sie und ihre Freundin glaubten
Unter Jüdinnen zu sitzen,
Und die Frauen sahen nicht verwahrlost
Und nicht ausgemergelt aus
Und waren hübsch und gut genährt
Und um die dreißig Jahre alt.

Die beiden durften nicht
Mit diesen Frauen sprechen.

Hinter den Maschinen saßen Männer,
Die sehr freundlich auf sie schauten,
Und sie glaubten diesmal,
Dass es Russen wären,
Und die schliffen sich aus Abfallresten
Heimlich scharfe Messer,
So dass sie sich fürchteten,
Das sei ihr unheimlich gewesen, sagt sie schnell.

Gespräche konnte sie nur mit der Freundin führen.
In der Halle war der Lärm fast unerträglich.
Mit den andren Frauen durften sie nicht sprechen,
Und am Eingang und am Ausgang
Wachten Schwarzhemdfrauen,
Die die Augen nicht von ihnen ließen.

Und die Frauen fanden einen Weg,
Dass sie doch miteinander reden konnten,
Trotz des Lärms und trotz der scharfen Augen,
Weil die Frauen
So nicht miteinander schweigen wollten,
Und es unterhielten sich die Freundinnen
Und sprachen im Gespräch,
Was sie den andren sagen wollten,
Und sie sprachen laut,
Die andren sprachen unter sich
In einem anderen Gespräch
Und unterhielten sich so gut es ging
Auf' diese Weise und befragten sich.

Sie stießen bei den Frauen
Nicht auf Bitterkeit und Abwehr,
Wie sie es befürchtet hatten,
Und die Sorge,
Dass sie Abscheu ernten würden,
War umsonst.

Die Frauen kamen aus Rumänien
Und aus Ungarn,
Und sie baten gleich um Kleinigkeiten,
Die sie sehr vermissten,
Die erhielten sie, indem die Freundinnen
Sie „zufällig" in ihrer Nähe
Fallen oder liegen ließen.

Frau U. ist sehr bewegt,
Und sie erinnert sich an eine Bitte,
Die war ungewöhnlich.
Eine Jüdin hatte sie nach der Ballade angesprochen,
Die von Theodor Fontane stammte,
Und sie wusste nur den Anfang
Und auch den nicht mehr genau,
Sie meinte, dass sie so begann:
„Getragen hab' ich's sieben Jahr..."

Das war nicht ganz getreu
Und doch verstand Frau U. sofort,
Wovon sie sprach
Und hatte keine Möglichkeit,
Den Text in die Fabrik zu schmuggeln,
Und sie lernte alle dreiundzwanzig Strophen
Und sprach sie ihr vor
So oft sie es nur wollte.

Frau U. wurd' nun von vielen Jugendlichen
Unterbrochen, die von der Ballade,
Von dem König Jacob und dem Grafen Douglas
Gar nichts wussten,
Und man holte aus der Bücherei das Buch
Und las die Verse allen vor,
So dass man ahnen konnte,
Welcher Freiheitswille, Friedenswille,
Welcher demutsvolle Geist,
Von einem freien Stolz emporgehoben,
In dem Kopf der Jüdin leben musste.

Und Frau U. fuhr fort:
Die Judenfrauen,
Die zur Arbeit kamen,
Kamen nur zu dritt
Und wir erfuhren nicht, woher sie kamen,
Wir vermuteten daher,
Dass sie auf dem Fabrikgelände
In Baracken wohnen mussten,
Und der Eingang, den sie nahmen,
War auch vom Gelände aus.

Ich selber und die Freundin
Wohnten in privaten Häusern.

Täglich hatten wir acht Stunden
In dem Kettenwerk zu arbeiten,
Und wir erhielten Lohn dafür.
Und ich empfand die Arbeit,
Die ich machen musste, als unangenehm,
Ganz unnütz, sinnlos und „nervtötend",
Wenn ich an den Lärm in diesen Hallen denke.
Gleich nach dem „Zusammenbruch"
Begegnete ich vor der Kirche in Fuhlsbüttel,
Die war evangelisch,
Einer Jüdin, die ich hätte kennen müssen,
Und ich traute mich doch nicht sie anzusprechen;
War es Schamgefühl,
Ich machte mir auch Selbstvorwürfe,
Ach, ich weiß es nicht..
Ich hatte ja gehört,
Wie es den Jüdinnen ergangen war
Und hätte ihr vielleicht mit einem Mantel
Helfen können....

Es entbrennt nun eine Diskussion
Um das Gedicht, das man gehört hat,
Die soll ganz getreu
Dem Leser vorgetragen werden.
Es ergibt sich dieses Bild:.

Die Häftlingsfrau erkennt sich
In dem Grafen Douglas wieder,
Der aus dem Geschlecht der Douglas' stammt,
Das lebt, vom König Jacob unterdrückt,
Im Elend, das ist hier in Not
Und auf verdammter Erde.

In dem König sieht sie die Schwarzhemdnation,
Die ist nur eine einzige Person,
Der steht sie gegenüber,
Die spricht ihre Hoffnungen
Und ihre Wünsche an.

Sie hätte sich Frau U. so gerne mitgeteilt,
Das ging nicht, wegen der Bewacherinnen,
Und sie wünschte sich,
Wie es in dem Gedicht geschah,
Ein „Happy End" für sich.

Sie wollte ihr Geschick als Judenfrau
Nicht mehr ertragen,
Ja, sie hätte sich zu gerne
Mit dem Wagnis auf den Schultern
Vor die Schwarzhemdschar gestellt
Und sie um Gnade angefleht
Und ihr die Knechtschaft angeboten.

Sie war innerlich maßlos erschöpft
Und in der Lagerkleidung
Unwürdig gekleidet
Und verkleidet und entstellt
Und dachte dabei auch an ihre
Leidenskameradinnen.

Sie hielt sich nicht
Mit zweifelhaften Fragen auf,
Und gab die übergroße Macht
Des Königs Jacob zu
Und auch, dass sie in Schuld verstrickt,
Nun vor ihm stehe.

Diese Schuld, so schien es, meinte sie,
Sei zwar die Schuld des Volkes,
Und sie habe selber nichts verbrochen,
Doch sie wusste,
Dass der König sie nicht aus dem Kollektiv
Entlassen würde,
Und das wäre ihr auch nicht genug,
Und sie gab alles zu.

Der König aber gab ihr selbst die Schuld am Krieg,
Der sei um ihretwillen
Und um ihres Volkes willen ausgebrochen.

Ihre Sehnsucht ist die Hand des Königs,
Die will sie berühren
Und ihn damit rühren,
Und ihn an die Zeiten festen Friedens
Zwischen ihren Völkern denken lassen,
Als die Völker ineinander leben konnten,
Wie es die Geschichte
Und das Wissen um die Dinge
Tausendmal bewiesen haben.

Und der König gab dies zu
Und ließ sie dennoch auf den Knien liegen,
Und verwies sie auf ihr Judentum,
Das wäre so nicht abzutun,
Es wäre wohl am besten,
Würde er sie übersehen
Und die Augen über sie hinweg
Ins Weite schicken,

Dann müsst' er, der König,
Nicht die Nähe sehen
Und sie töten.

So, erinnern sich die Alten,
Die das Zeugnis geben sollen,
Haben viele sich verhalten,
So zum Beispiel einige Bewacher,
Die nicht sahen, was sie sehen sollten.

Diese kleine Judenfrau
Gibt noch nicht auf
Und bietet ihrem König ihre Hilfe an
Und denkt an echte Dienerschaft,
Die soll ihr recht sein,
Und sie will nur eines,
Sie will frei, will akzeptiert seine
Und sie hofft, wie in den Strophen,
Auf die Geste, die sie hoffen lassen könnte,
Und sie lebt von dieser Hoffnung
Und erfleht ein Endenlassen dieser Grausamkeiten
Und erfleht Besinnung auf Gerechtigkeit
In Frieden.

So besprechen sie nun alle,
Was die Jüdin sich beim Hören der Ballade
Hatte denken können,
Und sie sagen auch,
Dass sich die Wahrheit von der Illusion
Sehr unterscheidet,
Denn es hätten nicht die Juden
Diesen Grund gehabt,
Sich schuldig zu bekennen,
Sondern jedes Schwarzhemd,
Das sie mit dem Bild des Königs Jacob überdeckte,
Und die hätten eigentlich um Gnade bitten
Und in Wahrheit ihre Schuld bekennen müssen.

Die Jugendlichen und die anderen
Begeben sich noch einmal zu den Steinen,
Und sie hören tief hinein.

Die Steine haben einen Rhythmus,
Der sich wiederholt,
Verraten eine Kette nur aus Worten,
Eine dünne unsichtbare Fährte,
So, als könnten Steine bluten,
Und man übersetzt den Singsang laut:

„Aus Hilfsbereitschaft, Scham und Angst,
Gelassenheit und Abgestumpftheit,
Ahnungslosigkeit und Schwarzhemdtragerei,
Ergibt sich dieser Tanz,
Der macht uns Steine schwindeln,
Die Erinnerung verblassen.
Auskristallisiert ist unser Blut,
Ein Gut, das kann man mit den Händen fassen."

Daraus lässt sich eine schwere Klage fassen,
Die nimmt man mit heim
Und lässt den zweiten Tag sich auf die Steine setzen,
Um mit sich allein zu sein,
Denn morgen ist ein neuer Tag,
Das ist der dritte Tag,
Den sollte man dem Singsang widmen,
Und man wird noch einmal neu zusammentragen
Und berichten lassen.

Der dritte Tag beginnt
Mit einer Lesestunde,
Die ist gut für alle,
Und es ist durchaus nicht gut für alle
Was sie hören,
Und sie hören es mit Sorge
Die hat nun die Jugendlichen eingenommen,
Und sie ist den anderen Besitz,
Den haben die erhalten
Oder achtlos liegen lassen
Und verloren.

Dieses steht in den Erinnerungen
Des Herren D.:

„Man hatte der Besatzungsmacht
Drei Tage für die Plünderung der Stadt gegeben,
Das war gleich im Anschluss
An das Ende dieses Krieges.
Der Bevölkerung verbot man in der Zeit
Die Häuser zu verlassen.

Diese Tage waren schon vorbei,
Da ging es vor den Toren unsrer Stadt,
Hier draußen,
Doch noch turbulenter zu.

Wir hatten durch die aufgelösten Lager
Plötzlich neu zu leiden,
Und wir hatten kaum von deren
Existenz gewusst.
Die Wachen hatte man vertrieben
Oder sie nach Haus' geschickt,
Damit war die Beköstigung im Lager
Auch beendet.
Außerhalb war alles rationiert,
Und harte Strafen
Wurden für Verstöße angedroht
Und ausgeführt.

In Trillup, auf dem Hof,
Verköstigte man weiterhin
Die russischen Gefangenen.
Die waren frei
Und hatten die Befreiung oft besprochen,
Und die einen freuten sich,
Die andren hatten Angst vor einer Heimkehr,
Und man würde sie vielleicht erneut
Ins Lager stecken, weil sie von dem Land,
Aus dem sie kommen würden, zu viel wussten,
Und sie hatten von Sibirien gehört,
Das war für sie der schrecklichste der Schrecken.

Sie erbettelten sich erst einmal ein Fahrrad,
Um die Gegend zu erkunden.

Die Bevölkerung erfuhr dann von dem Lager
Auf dem Saselberg,
Das hatte Jüdinnen und Ukrainerinnen freigelassen,
Die um Lebensmittel fragen kamen,
Und sie irrten in der ganzen Gegend
Hin und her".

Herr D. erinnert sich auch noch:

„Ich ging zur Polizei nach Hamburg
In der Dammtorstraße,
Die vermittelte mir eine Nummer der
Besatzungsmacht,
Die könnte ich im Notfall schnell erreichen.
Als nun zwanzig Ukrainer kamen
Und vor meiner Tür
Und in den Fenstern standen,
Rief ich an
Und ließ mich mit dem Obersten verbinden.

Fast im selben Augenblick
Erschien ein Offizier im Hof,
Und wenig später zogen jene Ukrainer ab,

So dass ich mich beim Obersten entschuldigte
Und ihn nicht kommen ließ.
Ich ahnte jedoch nicht,
Dass unsre Wirtschaftsfrau, den Speck,
Den wir noch hatten,
Kräftig diesen Männern aufgeschnitten hatte,
Und der Offizier verlangte nun von mir
Zwei „Springhens",
Das sind fette Hühner, für die Siegesfeier,
Und ich lachte über ihn,
Und seine Hühner müsste er sich selber fangen,
Und ich sagte auch von meiner Nachricht
An den Obersten,
Der müsste sehr bald kommen,
Und die Hühner ließen sich nicht fangen,
Und der Offizier wollt' sich vom Obersten
Nicht fangen lassen
Und zog ab".

Das war aus den Erinnerungen des Herrn D.,
Und alle haben zugehört,
Und so viel ist gewiss,
Herr D. stand nicht im Schock des Lagers
Und war nicht betroffen.

In der Sorge um sich selbst
Vergaß er jedes Mitleid
Und erfasste nicht die Tiefe des Problems
Und hatte auch kein Mitgefühl
Und dachte an die eigenen Probleme,
Und ihn intressierte wirklich nicht das Lager
Und die Menschen, die von dorther kamen.

Noch im ersten Atemzug der neuen Freiheit
Starben zwei der Lagerfrauen.

Dass das Unrecht, das gewesen war,
Nun Unrecht blieb
Und nicht zurechtzubiegen war,
Verstanden die, die das beschrieben,
Damals nicht,
Und alles spielte sich im Auge derer,
Die es sahen, ab,
Und die Bevölkerung,
Die auch mit diesem Auge sah, sah nichts.

„Herr D." so sagt ein Jugendlicher,
„Schreibt nur seine Wahrheit,
Denn wir wissen ja,
Dass viele die KZ- Insassinnen an jedem Tage sahen,
Nur, sie kannten nicht die Hintergründe,
Und sie sahen nur den Vordergrund,
Dass war die Propaganda,
Das, was jedes Schwarzhemd sagte:
„Die im Lager sind nur eine Bande
Kriegsgefangener und Sträflinge".
Und
„Das sind alles Arbeitsscheue,
Denen werden wir's schon zeigen,
Und wir bringen ihnen bei
Was Arbeit ist,
Sie werden uns auf Knien dafür danken"!
Und sie sagten:
„Es ist nützlich,
Wenn sie uns beim Hausbau helfen,
Und die Juden haben uns geschadet,
Und es ist gerecht für sie
Hier etwas wieder gutzumachen",
Und sie sagten:
„Das sind Untermenschen,
Das sind fremde Rassen,
Die sind gar nichts wert“
Und sagten:
„Wir verstehen nicht,
Wo uns ein Vorwurf treffen sollte,

Lager mit gefangnen Menschen
Gibt es nicht bei uns",
Sie sagten zur Bevölkerung:
„Wir haben große Sorge
Um die tapferen Soldaten.
Diese Sorge teilen wir mit euch.
Wir müssen alle standhaft sein
Und dürfen uns von Bomben
Nicht mehr überraschen lassen,
Und wir müssen unsre Nahrungsmittel
Noch gerechter teilen".

„Und Herr D.", so sagt der Jugendliche,
„Ist wohl, wie die meisten waren,
Und die eigenen Probleme waren nah genug,
An andere kam er nicht mehr heran
Und wollte davon auch nichts wissen.

Man darf trotzdem nicht vergessen,
Dass es Menschen gab, die helfen wollten
Und es taten,
Und sie taten es entgegen dem Verbot".

Es geht nun um den Spruch der Steine,
Der soll Sinn bekommen,
Und „..das Blut,
Das uns zum Gut geworden ist,
Das auskristallisierte,
Das man mit den Händen fassen kann",
Das sind die Steine sicher selbst.

Sie werden so als Zeugen und als Zeugnis
Liegen bleiben
Bis auf einen,
Der soll mit der Steinschrift unsrer Sprache
überzogen werden
Und zur Mahnung an der Straßenecke
Feldblumen- und Petunienweg

Die Menschenwürde fassen
Und ein Schlüssel bleiben.
In den Protokollen,
Die die Jugendlichen gar nicht alle kennen,
Wird die Hilfsbereitschaft angesprochen,
Die war häufig in den Reihen armer Leute,
Und die leisteten die Hilfe auch.

Es waren meistens Frauen, Siedlerfrauen,
Die aus eigner Not
Die Not der anderen erkannten
Und zu mildern suchten,
Und die gaben von dem wenigen, das sie besaßen,
Ab an die KZ-Insassinnen.

Die Frauen zeigten Mut
Und zeigten Taten,
Und die Männer blieben stumm,
Von ihnen steht in den Berichten nichts.
Auch findet man nicht einen Hinweis
Auf die Hilfe reicher Leute.
Die befanden sich fast ausnahmslos in der Partei,
Die war die Heimat jeder Schwarzhemdträgerei.

Selbst die,
Die nur Steigbügelhalter waren
Brachten keine Hilfe,
Um sich selbst nicht zu gefährden.

Insgesamt erstaunt das Ausmaß aller Hilfe,
Doch es blieb nur Milch,
Die man im Dorf verteilte,
Die erreichte ganz bestimmte Leute,
Längst nicht alle.

Von den anderen,
Die sich auch ganz „bestimmten Kreisen"
Zugehörig fühlten, wusste man,
Dass sie sich heftig gegen die Beerdigung

Der Judenfrauen zwischen ihren Reihen auf dem
Friedhof Bergstedt's wehrten,
Und Herr D. lässt in dem Auszug aus Erinnerungen
Keine Zweifel an der Meinung der Bevölkerung,
„Dass diese Frauen,
Jüdinnen und die Zigeunerinnen
Wieder betteln gingen".

Frauen, die die Hilfe gaben,
Hatten häufig Mitleid,
Und sie hatten die Insassinnen
Zuvor im Arbeitslager elendig
Verkümmern sehen,
Und der Anblick löste mütterliches Wollen aus,
Vielleicht berührte er auch das Gewissen,
Dass sie meinten:
„Frauen müssen Frauen helfen".

Bei den Männern war die Sorge
Um den Arbeitsplatz zu groß,
Man hätte ihn verlieren können,
Und es lag ein Druck auf ihnen.

Insgesamt ergab sich eine
Nicht organisierte Hilfeleistung,
Die berührte nicht das Übel.

Man erzählte später,
Dass die Frauen weitaus weniger
Ans „Übermenschliche" der Schwarzhemdträger glaubten
Als die Männer,
Diese hatten denen
Alle Arbeitsplätze zu verdanken.
Frauen waren auch politisch
Kaum zu motivieren
Von der Propaganda wurden sie
Nicht allzu sehr erfasst.
Sie retteten sich so ein Mitgefühl,
Das ließ sie menschlich bleiben.

„Heute" sagt ein Jugendlicher,
„Sind wir auch schnell Opfer einer Politik
Und sollten uns doch davor hüten
Und uns Mitgefühl bewahren
Und uns unser Denken
Nicht von anderen verdenken lassen,
Und wir sollten uns viel häufiger besinnen
Auf die Menschenrechte,
Die die andren haben,
Und es kann im Grunde nur vereinte Hilfe
Hilfe leisten und das Unrecht deutlich machen".

Aus einem andren Protokoll

Wird vorgelesen:
Von Frau R. erfährt man etwas über Lena G.,
Die dachte ganz aktiv an Unterstützung
Der Insassinnen
Und bettelte und bat die Nachbarinnen
Um die Lebensmittelreste,
Damit fuhr sie zum Berliner Tor in Hamburg
Und verstaute ihre Schätze in dem Pappkarton,
Den warf sie von der Brücke,
Unter der die Frauen
Schwere Gleisarbeit verrichteten,
Ganz wortlos auf die Schienen,
Und den Frauen in der Tiefe
Brauchte sie nichts zu erklären.

Heute ist Frau Lena G. vergessen,
Tot vielleicht, man weiß es nicht.
In ihr erkennt man einen Ansatz.
Großer Hilfeleistung.
Ihren Mut nahm sie vielleicht aus sich,
Vielleicht war sie wie die
Als Fremde in der Fremde,
War vielleicht selbst eine Polin.

Ein andres Schriftstück
Zeigt die Hilfe von Frau K.,
Die hatte auf dem Boden ihres Daches,
In dem eignen Haus Insassinnen versteckt.
Die wurden mit der Hilfe eines Otto G.
Ernährt.

Familie G. gab dazu an:
„Es war nicht nur ein Arbeitslager,
Sondern ein KZ und galt als solches.
Das wurd' nicht geheim gehalten.
Tags war niemand da.
Ein Trupp von diesen Frauen
Wurde oft im Sasler Mühlenweg gesehen.

Herr A. S., ein Bauer,
Fuhr die Toten aus dem Lager
Zu dem Friedhof Bergstedts".

Als Frau G. an einem Tag im Wald mit der Kusine
Auf die Frauen stieß,
Versteckten sie sich hinter Bäumen,
Weil die Scham sie überkam,
Sie schämten sich fürs Vaterland
Beim Anblick der armseligen Gestalten.
Wenn die starben, starben sie nicht an der Folter
Sondern vor Erschöpfung
Und an krassestem Ernährungsmangel.

Diese Frauen hatten auf dem Friedhof Ohlsdorf
Bombenopfer aus Fuhlsbüttel zu begraben,
Andre wurden in das Gummiwerk in Barmbek
Kommandiert.

Eines Tages hieß es,
Dass die Lager ihre Tore öffnen würden,
Und es brach ein lautes
Weithin dringendes Geschrei der Frauen
Von dort aus.

Herr G. erhielt Besuch von einer Lageraufsicht,
Die empfahl, die Türen zu verschließen,
Denn die freigelassenen Frauen
Würden „alles klauen,
Was sie in die Finger kriegten".

G.'s bedachten,
Dass es anders besser wär',
Und schlossen keine Türen ab.
Die Frauen kamen,
Und es waren fünf von ihnen,
Die um Essen baten,
Und erhielten von den G.'s
Auch Kleidung.

Ganz zum Schluss entließ man aus dem Lager
Russinnen,
Darunter war „Maria",
Die war sechzehn Jahre alt und klein,
Sie sprach ein wenig diese Sprache
Und erzählte G.'s, bei denen sie nun öfter kam,
Dass sie nur wegen eines Passes,
Den sie nicht zur Stelle hatte,
Festgenommen und verhaftet worden war.

Die Frauen zeigten die kaputten Beine,
Das sah schrecklich aus.
Sie hatten immer holzgeschnitzte Stiefel
Tragen müssen.

Hier in Sasel
Gab es Angst in der Bevölkerung.
Man konnte sich nicht frei bewegen,
Sich nicht frei erkundigen,
Warum das Lager nachts
In einer Lichterglocke stand.

Die eine Zeugin sagte,
Dass ihr Mann bei dieser Frage
Seine Finger als ein Gitter vor den Mund
Gehalten habe.

Eine andre Zeugin sagte aus,
Man hätte nie mit den Insassinnen
Auf ihrem Weg zum Bahnhof Poppenbüttel
Sprechen können;
Dafür wurden sie zu streng bewacht.

Man wagte es nicht einmal
Sie genauer anzusehen.

Die Bevölkerung, so sagt ein andrer Augenzeuge
Zeigte auf den Anblick dieser Judenfrauen
Keine Reaktion.
Sie wussten nicht,
Ob es sich im KZ-Insassinnen,
Vielleicht um Strafgefang'ne aus Fuhlsbüttel
Handelte.

Man hatte selber Angst,
In das KZ gesteckt zu werden.
Einer Frau, die diesen Frauen
Brot in ihre Tasche steckte,
Hatte man das angedroht.

Ein Ehepaar berichtete,
Das sind nun immer noch die Protokolle,
Wenn man will,
Der Tanz, von dem die Steine sprachen,
Dieses Paar berichtete,
Dass die Insassinnen an allen Plattenhäusern
„Schuften" mussten.
„Wer den Frauen Nahrung gab,
Bekam sofort mit der Bewachung Ärger,
Und die drohte Prügel an.
Am schlimmsten und verrufendsten
Und am brutalsten waren Schwarzhemdfrauen.
Offiziell war gar nichts zu erfahren.

Von der Aufsicht gab es keine Antwort, höchstens:
'Alles bestens, alles bestens,
Kümmern Sie sich nicht darum',
Und die Insassinnen erhielten,
Wenn sie etwas sagen wollten, Schläge.

Wir besprachen damals, was wir sahen,
Im Familienkreis,
Der wurd' aus Angst vor neuer Angst
Sehr klein gehalten.
Fremde standen im Verdacht,
Das was sie hörten,
Gleich dem Schwarzhemd anzuzeigen.

Insgesamt war diese Sache
Nur im engsten Kreis bekannt
Und breitete sich so nicht aus.
In Volksdorf, das ist nur ein wenig abgelegen,
Wusste scheinbar keiner etwas von dem Lager.

Einige der Leute fuhren mit dem Fahrrad
Nah heran, aus Neugier, um hinein zu sehen,
Um den Frauen, die im Duschraum standen,
Zuzuschauen"?

Es gibt ein Protokoll
Des Telefongespräches mit Herrn A.,
Der war zu der Zeit fünfzehn Jahre alt:
"Ich wusste
Von dem Lager und den Judenfrauen.

Plattenhäuser rechts der S- Bahn
Haben sie gebaut,
Mit Schaufeln, Eimern mussten sie
Die Fundamente schütten.
Andre fuhren in vergitterten Waggons der S- Bahn
In die Stadt.
Wohin, das konnte niemand sagen.

Ich war damals in der Lehre
Und begegnete den Frauen morgens
Auf dem Weg zur Bahn
Und abends auf dem Weg ins Lager.

Damals musste auch ein Lehrling
Zehn, elf Stunden arbeiten.

Die Kleidung der Insassinnen war
„Grau in Grau",
Und Streifen waren kaum erkennbar.
An den Füßen hatten sie nur Holzpantinen.
Mit ein wenig Leder übernagelt.

Einer Herde Schafe glichen sie.
Ergeben in sein Schicksal
Schlurfte dieser Frauenzug den Weg entlang,
Es war ein Elendszug
Von abgemagerten Gestalten.

Die Bewachung war ganz schlecht,
Und die Kolonne zog sich weit durch Straßen",
Und Herr A. verstand es nicht,
Warum auch heute noch so viele sagten,
Dass sie alles nicht geahnt, gewusst, erfahren hätten.

Er, so sagt Herr A.,
War allerdings total verschüchtert,
Dass er nicht einmal die Frauen angesehen hätte,
Und man hätte ihn bestimmt „zusammengeschissen".

„Jedes Schwarzhemd war gefährlich,
Und die steckten überall
Auch in der Hitlerjugend,
Und es ging um Kleinigkeiten,
Die zum Anlass wurden:
Koppel, das nicht grade saß,
Die Uniform war nicht genau gewinkelt,
Irgendwelche Maße stimmten nicht.
Man wurde völlig nachgemessen
Und verordentlicht,
Das konnte einem überall passieren,
In der Schule, auf der Polizei,
Von Leuten, die beim Luftschutz waren und von anderen.

Herr A. litt damals sehr viel Hunger.
Prügelstrafen hat er nicht gesehen,
Und die Männer, die die Wache hatten,
Waren lange nicht so schlimm, wie Frauen.

Ja. Herr A. sagt, dass die Männer 'milder' waren,
Als das Frauenpersonal.

Die Angst der Saseler in Sasel
War nicht aus der Luft gegriffen:
Alle waren sie drei Jahre vor dem Ende
Dieses schlimmen Krieges aufgerufen worden,
Sich das gnadenlose Tun der Schwarzhemdträger
Anzuschauen und mit eignen Augen
Die Bedrohlichkeit zu sehen.

Eine Flucht kam nicht in Frage.
Wohin hätten sie entkommen sollen.
Niemand hätte sie verstecken können
Oder wollen.

Alle lebten in der Lethargie,
In Abgestumpftheit, Magerkeit der Sinne,
Lebten in der Angst, in innrer Spannung,
Scham, Gelassenheit
Und in Verbohrtheit, Ahnungslosigkeit,
In einem Tanz,
Der alle alles schwindeln machte.

Niemand mochte Fragen stellen,
Ähnlich, wie es heute im Nachbarland geschieht,
Das ist kein Nachbarland,
Das ist das Bruderland,
Und ich, so sagt Herr A.,
Wen sollte ich mit fünfzehn Jahren fragen"?

Durch den Vater, damals „Sozi" und ein Demokrat,
Sei er gleich mit verschrien gewesen,
Und sein Lehrer habe ihn deswegen vor den Schülern
Schwer gekränkt.
Er habe deshalb nie den Weg,
In dem das Lager lag, betreten,
Und er habe Angst gehabt,
Und wollte kein Intresse zeigen.

„Damals hat man dies Problem verdrängt.
Der Hunger stand zu nah,
Man achtete auf Luftangriffe
Und auf Bombentote".

Immer wieder sah man
Tote in der Stadt.

Es wurde damals auf Gut Hohenbuchen
Eine Tötung vorgenommen,
Als der Pole A. S. öffentlich
Auf Anordnung der Schwarzhemdträger
Hingerichtet wurde,
Und man machte nicht viel Federlesens
Und erhängte ihn.

Der hatte eine Liebschaft unterhalten.
Das war jedem Zwangsarbeiter
Streng verboten,
Nicht ein Wort hätt' er an eine Frau
Aus dieser Heimat richten dürfen.

Auch die Frau, um die es ging,
Erhielt drei Jahre Zwangsarbeit in Ravensbrück,
Die endeten fast zu der gleichen Zeit
Wie dieser Krieg.
Frau B. war damals auch dabei gewesen,
Und sie gab nun an:
„Der Pole hatte auf dem Hof zu schaffen
Und poussierte mit dem Heimatmädchen,
Das war schwer verboten.
Auch der Bauer warf ein Auge auf das Mädchen,
Doch das zog den Polen vor.

So zeigte er den Polen an,
Das machte er aus Eifersucht,
Dass der zu Tode kam.

Im Alstertal wurd' dieser Mann gehenkt,
Und alle, die im Zwange standen,
Mussten Zeuge sein,
Man lud auch alle Klassen einer Schule ein,
Sich das mit anzusehen.

Als das „Reich der Reiche",
Weil es tausend Jahre währen sollte,
Dann zusammenbrach,
Erhängte sich der Bauer,

Nun kommen noch zwei Protokolle,
Die die Steine schwindeln machten,
Die Erinnerung verblassen ließen.

So erzählt Frau J.:
„Ich war wohl zwischen zehn und fünfzehn
Jahre alt, was ist das schon.

Den Kindern wird der Tisch gedeckt,
Sie fragen nicht warum,
Und alles steht bereit,
Und jemand sagt:
„Iss deine Speise, dass du wächst".

Wir Kinder hatten kein Intresse
„solche Dinge" zu erfahren.
Wir verstanden „davon" nichts,
Besonders, wenn sich etwas zeigte,
Das ein schlechtes Licht aufs Arbeitslager warf.

Man sagte uns,
Dass Arbeitslager nützlich wären,
Und es gäbe gute Gründe ihrer Existenz.

Wir hielten es für ganz normal,
Wenn hunderte von diesen Frauen
Morgens durch die Straßen, über Wege zogen,
Und man sie zur Arbeit führte.

Viele Leute hatte man „evakuiert",
So hieß es damals.
Das geschah mit Menschen,
Die in einem 'solchen Staat nicht
Oder gar nicht mehr benötigt' wurden".

Und Frau J. erinnert sich an eine Freundin
Aus der Schule,
Die geriet ganz plötzlich in Verruf,
Weil sie von Juden stammte.

Selbst der Leiter dieser Schule
Sprach die Schülerinnen darauf an,
Sie sollten von dem Mädchen Abstand halten,
Das sei besser so.

Trotzdem verblieb das Mädchen
Bis zum Ende seiner Schulzeit an der Schule.

Leider, sagt Frau T. von sich,
Verstand sie erst das Ganze richtig,
Als das Lager nicht mehr Lager war,
Und von den Schreckenstagen
Hinter diesem Lagerzaun
Erfuhr sie erst nach der Befreiung.

So berichtet auch Herr J.
Vom Bau der Siedlung.
Es war damals Herbst
Und es wurd' Winter,
Und er war noch Schüler, wie Frau J. gewesen.
Auf dem Weg sah er die Frauen
Und die Männer in der Sträflingskleidung
Schwere Arbeit machen.
Alle wurden streng bewacht,
Und die man dort bewachte, froren,
Und sie waren halb verhungert.
Niemand konnte mit den Leuten sprechen,

Und es hatte keiner Lust dazu gehabt
Und kein Intresse,
Und es überwogen andre Dinge, andere Erlebnisse.
Man trauerte um den Verlust der Anverwandten,
Stand von einem Augenblick zum andren
Vor dem Nichts
Und hatte dabei doch noch Glück gehabt.

Man konnte auf die Zwangsarbeiter
Gar nicht reagieren, wusste nicht einmal,
Ob es die Strafgefangenen aus Fuhlsbüttel
Oder die Insassinnen des KZ-Arbeitslagers waren.
Was die taten, jedenfalls, war gut und nützlich,
Und die Plattenhäuser sollten Ausgebombten dienen,
Und die mussten eine Bleibe finden,
Man empfand die Arbeit als sehr notwendig
Und hilfreich.

Alles sah Herr J. mit Augen seiner Jugend, sagt er,
Und sein Protokoll liest sich
Ganz ähnlich wie das von den Herren A. und N.

Es war sehr schwer für einen Zeugen
Sachverhalte zu erfahren,
Und die Propaganda war für ihn
Nicht zu durchschauen.

So vergeht der dritte Tag.

Die Jugendlichen haben ihren Zaun
Gestrichen,
Der hat seinen Sinn fast ganz verloren,
Weil er nichts mehr trennt.
Man hat ihn mehrfach durchgebrochen,
Jeder kennt sich gut
Auf beiden Seiten aus.

Die Jugendlichen und die Zeugen
Wollen sich am nächsten Morgen wieder treffen.
Dann erwartet sie, das ahnen sie noch nicht,
Ein neuer Zaun, ein andrer Zaun,
Den kann man nicht mit Farbe übergießen,
Daran können sich die Jugendlichen
Nicht erproben.
Dieser Zaun wird unsichtbar
Vor ihnen wachsen,
Und sie werden ihn so stehen lassen müssen.

Etwas anderes beschließen sie noch heute:
Die, die an dem ersten Zaun gestrichen haben,
Wollen nun beginnen,
Eine Schrift für den Granit zu finden.
Die besteht, das wissen sie schon jetzt,
Aus einem Bild
Und aus der Mahnung, die soll Worte finden,
Und die Worte, die gefunden werden,
Sollen Mahnung sein.
Zusammen sollen
Bild und Wort das Leid der Menschen zeigen,
Und auch wie der Mensch darunter leidet.

Großes Glück und großes Leid, so denken sie,
Entlassen ihre Kinder nicht,
Und morgen will sich diese Gruppe Jugendlicher
Jugendlich daran versuchen.

Heute ist der vierte Tag,
Es werden Antiprotokolle,
Das sind Nicht-Nichtprotokolle,
Vorgelesen, vorgetragen,
Und die Jugendlichen und die Zeugen
Können gar nichts mehr verstehen.

Nur die eine Gruppe kümmert sich um nichts,
Die sucht nach Hebezeugen,
Einen Felsen zu bewegen,
Und sie haben eine Künstlerin
Und einen Steinmetz,
Und sie haben die Idee,
Die lässt sich nicht vertreiben.

Allen andren steht ein neuer Zaun im Weg,
Der wird zur Schranke, die sie schrecklich
In die Schranken weist.

Erstes Anti-, erstes Nicht-Nichtprotokoll.

Ganz sicher ist, dass der, der dieses sagte,
Sohn des Schwarzhemdunterkönigs war,
Der Sohn des Gruppenleiters dieses Ortes,
Der Partei.

Der Sohn sagt so, das konnte er erklären:
„Hier in Sasel hat es nie
Ein Arbeitslager oder ähnliches gegeben,
Das hat niemals existiert".

Ein Jugendlicher,
Der ganz blass geworden ist, sagt:
„Ich bin auf dem Lande groß geworden,
So wie der spricht,
Redet nur ein Pferd,
Das gut im Gnadenfutter steht".

Zweites Anti-, zweites Nicht- Nichtprotokoll.

Es wird ein Telefongespräch verlesen,
Man erreicht den Sohn des Arztes Doktor Y.:
„Ihr Vater soll im Lager,
Damals, als es dieses Lager gab,
Als Arzt geholfen haben,
Und wir forschen alles nach.

Er selbst soll sehr betroffen
Über diese Zeit berichtet haben.
Können Sie uns helfen,
Wissen Sie etwas davon"?

Der Sohn:
„Ich kann mich überhaupt nicht,
Selbst beim besten Willen nicht,
An so etwas erinnern.
Damals war ich dauernd im Gelände,
Und ein Lager hab' ich nicht gekannt.
Mein Vater sprach auch nie darüber.
Sicher wird man nichts
Herausbekommen".

Ein paar Tage später kommt ein Rückruf.
Doktor Y., der Sohn, weiß etwas mehr:
„Ich hab' mit meiner Frau gesprochen,
Die besprach das im Familienkreis,
Nun weiß ich etwas mehr,
Man wusste doch von diesem Lager.

Damals gab es einen Unfall bei den Loren,
Dabei wurde eine Frau sehr schwer verletzt,
Es waren ihre Beine.

Mehr kann meine Frau nicht sagen,
Und sie weiß nicht mehr,
Und es ist sicher,
Dass der Vater mit Herrn Doktor Z.

Gesprochen hat.
Vielleicht kann der nun weiterhelfen,
Und mein Vater, Doktor Y.,
Hat eine Hilfeleistung nie verweigert".

Drittes Anti-, drittes Nicht- Nichtprotokoll.

Ein Telefongespräch mit Doktor Z.,
Den hielt man anfangs für den Vater,
Doch es war der Sohn am Apparat:
„Wir haben eine Frage,
Die betrifft Herrn Doktor Y.
Der Sohn des Doktor Y. verwies uns nun auf Sie.
Wir sammeln alles,
Was es aus dem Lager Sasel
Und darüber zu berichten gibt,
Und Ihnen soll Herr Doktor Y.
Berichtet haben".

Antwort:
„Sie verwechseln mich mit meinem Vater,
Warten Sie".
Es blieb die Unterhaltung offen,
Und der Sohn, so dachte man,
Wär' aufgestanden,
Seinen Vater an den Apparat zu holen,
Und im Echo hörte man die Fetzen
Des Gespräches zwischen einer Frau, sowie
Zwei männlichen Personen:
„..würde ich nicht tun",
„..die schnüffeln nur herum".

Dann kam der Sohn zurück:
„Den Vater können Sie heut' leider nicht erreichen,
Kommen Sie doch später wieder durch".
So trist, so niederschmetternd konnte eine Antwort sein,
Die keine war.

Viertes Anti-, viertes Nicht-Nichtprotokoll.
Drei Tage nach dem letzten Anruf aufgenommen.

Nun ist Doktor Z., der Vater selbst
Am Apparat:
Von seinem Sohn hätt' er gehört,
Was andre hatten von ihm hören wollen,
Und er müsste einfach lügen,
Wollte er vom Lager etwas sagen,
Weil er wirklich gar nichts davon wüsste,
Und Herrn Doktor Y. hat er gekannt,
Wie man Kollegen kennt.
Man kannte sich sehr wenig,
Und vertrauliche Gespräche
Hätten niemals existiert
Und nie ein Wort
Und eine Kenntnis über dieses Lager.

Ja, Herr Doktor Y. hat zweimal, dreimal
Seine Sachen bei ihm abgeholt,
Mehr nicht.
„Wir wissen etwas mehr von Doktor Y.,
Dem Sohn des Doktor Y."

„Der muss sich irren.
Alles, was ich weiß, weiß ich genau,
Und das ist über diese Sache nichts.

Versuchen Sie doch ein Gespräch in „..."
Mit „... ",
Der stand dem Doktor Y. sehr nah',
Ich wirklich nicht,
Und nennen Sie um Gottes Willen
Meinen Namen nicht,
Nicht meinen Namen nennen,
Meinen Namen nicht".

Fünftes Anti-, fünftes Nicht- Nichtprotokoll,
Das gilt als
Schwarzhemd's Taggebet:
„Mit uns ist Gott,
Gott ist mit uns,
Weil er uns unsertwegen schuf.
Wir wollen und wir sollen
Rassen trennen.
Juden, Polen, Russen und Zigeuner
Sind die Spreu im Weizen,
Die und alle „Sozies" und die Kommunisten
Werden wir vernichten.
Ihre Arbeitskraft soll, wenn es geht,
Uns nützen,
Wenn es nicht geht, oder nicht mehr geht,
Soll sie sie selbst nicht stützen,
Weil wir sie zertreten.

Wir sind aus dem Herrenvolk, sind Arier,
Das ist unser Grund.
Die anderen sind minder zu bewerten.
Juden haben Schuld am Krieg,
An der Zerstörung durch die Bomben.
Diesen Schaden haben sie uns
Wieder gut zu machen.

Wir sind, um zu siegen,
Siegen selbst im Untergang.

Und ihr, die ihr das nicht versteht,
Versteht es, wenn ihr es wie wir versteht
Und uns Gehorsam und Vertrauen zeigt,
Denn wir sind die Beherrschenden,
Und wir beherrschen das System.

Dafür verstehen wir auch eure Angst
Und eure Abgestumpftheit,
Denn mit uns ist Gott,
Gott ist mit uns
Und sieht uns vor
Und sieht vor uns
Und ist uns Vorsehung".

Sechstes Anti-, sechstes Nicht- Nichtprotokoll.

Muss man die Retter Lügen strafen?
Wusste die Besatzungsmacht,
Die damals den Prozess vornahm, so wenig?
Konnten über hundert Zeugen,
Nur Insassinnen, das nicht mehr wissen?
Gab es etwas,
Was man heute nicht mehr wissen kann?

„Wir sind von der Besatzungsmacht
Und haben die Befreiung ausgerufen
Und befreit,
Und fragen die Befreiten nach der Wahrheit,
Dass sie andere damit befreien
Oder anderen die Schuld zuweisen.
Nebenlager Sasel, Außenstelle Neuengamme,
Wird gefragt.

Wir fragen,
Wer verstarb in diesem Arbeitslager und warum,
Und ihr seid aufgerufen,
Es zu sagen,
Und wir haben euch gehört, ihr sagtet so:
In diesen Monaten
Der Existenz des Lagers
Starben drei Personen,
Die wir aufgelistet haben:

Erstens starb Helene D.
Sie wurde von zwei Schwarzhemdfrauen, L. und U.
Gequält, misshandelt
Und von ihnen aufs „Revier" gebracht.
Sie wurde nach dort eingewiesen.
Das verschrieb Herr Doktor K., ein Sanitäter.
Der routinemäßig über Sasel kam.

Man gab ihr Morphium und Luminal
Und spritzte sie damit vielleicht
Sogar zu Tode, weil sie nach zehn Tagen starb.

Zum zweiten starb Adele E., die Polin.
Von dem Wachmann K., ein Schwarzhemd,
Wurde sie brutal geschlagen,
Dass sie im „Revier"
Den inneren Verletzungen erlag.

Zum Dritten und zum Letzten
Starb die Insassin Frau Sledzik,
Die litt unter TBC
Und starb auf dem Transport nach Bergen-Belsen,
Wohin man sie, krank, „evakuierte".

Die Besatzungsmacht gibt sich zufrieden
Und erwähnt die Totenliste Bergstedt's nicht,
Die trägt die fünfunddreißig
Namen, Nummern, Unbekannten.

Niemand kann sie noch zurück
In die Verhandlung reichen.

Allen wurde neu die Bergstedt-Totenliste
Vorgelesen.
Die war jetzt erst aufgefunden worden.
Unter den Verstorbenen
Befanden sich fünf Polinnen aus Lodz.

Die Anti-, Nicht-Nichtprotokolle waren
Schon zu Ende,
Und die Jugendlichen drängten nun
Heraus zu finden, wie der schwere Weg der fünf Insassinnen
Von Lodz nach Sasel hatte führen können.
Und sie mussten sich das Wissen leihen
Und begannen noch einmal
Die Steine zu befragen.

Jemand sagte auch,
Wir müssen eine Übersicht gewinnen
Oder Abstand schaffen,
Müssen in ein Flugzeug steigen,
Das uns in die Höhe bringt
Und über alles blicken lässt,
Das zeigt mit einem Schlag
Die kümmerliche Enge enger Maschen
Und erklärt mit einem zweiten Schlag,
Wie schwer es war, den Maschen zu entkommen.
Diese Maschen waren selbst das Netz,
Das tötete.

Das, was die Steine dazu sagten,
Las sich später so:
(Die Jugendlichen nannten es die
Überprotokolle).

Erstes Überprotokoll:

Es lebten in der Großstadt Lodz
Weit mehr als drei Mal hunderttausend Juden.
Die sofort zu deportieren
War nicht möglich,
Und man plante, als den ersten Schritt,
Ein Ghetto.

Nach Erledigung von Vorarbeiten
Und Beschaffung großer Wachmannschaften,
Wurd' von einem Tag zum anderen
Ein Ghetto ausgerufen,
Das verlief an festgesetzter Linie,
Wurde schwer bewacht,
Besetzt mit Barrikaden,
Und erhielt von den Besetzern
Eine Selbstverwaltung.
Drinnen sollten nur noch Juden wohnen.

Ghettos wurden die Stationen
Auf dem Weg zum Tod.
Am Anfang ließ man noch die Menschen
An die Arbeitsplätze zu den 'Ariern' gehen,
Dann verriegelte man alle Tore
Und besetzte sie.

Die Katastrophe fing mit Nahrungsmangel an.
Man wurde einem Hungertod so
Preis gegeben.
In die überfüllten Ghettos
Pferchte man noch immer wieder neue Menschen.
Wer den Hungertod nicht fand,
Stand auf der Warteliste für ein Ende,
Das noch viel, viel schlimmer werden würde.
Man begann schon bald darauf
Mit Abtransporten.
Das verstanden die Gequälten falsch.
Sie ahnten nichts von den Vernichtungslagern.

Was der Hunger nicht vollbrachte
Das vollbrachte dort ein Gas.

Die eingesetzten Judenräte
Zwang man, Namenslisten mit den Kandidaten
Zu erstellen.

Anfangs meldete sich mancher Obdachlose
Ohne Zwang dafür,
Weil man ein halbes Brot versprach
Und eine Dose Marmelade.
Welch ein Himmelreich in dieser Hölle.
Außerdem, so hörten sie,
Sei es nur eine kleine Reise,
Und das Elend in den Ghettos war so groß,
Dass selbst die Schrecken der KZ's
Davor verblassten,
Und man hätte eine Pritsche für die Nacht,
So dachte man,
Und ein Napf Essen.

Später sammelte sich über den Zurückgebliebenen
Ein bitteres Gerücht von Duschen,
Denen Gas entströmte.

Mit brutalsten Mitteln trieb man nun
Die Menschen in Waggons,
Die in Vernichtungslager fuhren.
Viele starben auf der Fahrt,
Die blieben unter denen, die noch standen,
Liegen.

Dann, im Sommer 1943, wurde fest beschlossen,
Alle Lager aufzulösen,
Einzig Lodz war ausgenommen.

Zweites Überprotokoll:

Der Abtransport der Menschen aus dem Ghetto
Fing mit einem Formblatt an.
Auf dem stand, was sie mitzunehmen hatten:
Proviant für nur zwei Tage,
Essnapf, Löffel, ja kein Messer,
Derbe Schuhe, warme Kleidung
Und zwei Decken.
Alles im Gewicht auf 25 Kilogramm begrenzt,
Ein Koffer noch,
Auf den sie ihren Namen schreiben mussten.
Dies war der Beginn des Endes.

Auf der Straße wartete ein offnes Auto
Voller Menschen,
Das nahm immerzu noch neue Menschen auf.
Der Wagen fuhr sie in ein Sammellager
Oder gleich direkt zum Bahnhof,
Wo die Güterwagen standen.
Jeder Zug bestand aus bis zu 2o Wagen,
Eigentlich für Viehtransport gebaut,
Und hatte Stacheldraht verhaune Luken.

Außen standen zwei Personenwagen
Für die Wachmannschaften.
Jeder der Transporte fasste tausend Menschen.

Diese Züge fuhren mehrmals in der Woche ab
Und kamen aus den großen Städten in Europa,
Die in Schwarzhemds Händen lagen,
Kamen aus den Sammellagern.
In dem Dunkel überfüllter Züge starben viele.

Menschenzüge,
Die nicht enden wollten,
Rollten so nur einem Ziel entgegen;
Das hieß Auschwitz.

Drittes Überprotokoll:

So las sich ein Befehl,
Ein Ghetto aufzulösen:

„Hiermit wird bekannt gemacht,
Mit Aushang vier- zwei- acht,
Das Getto zu verkleinern.

Zusätzlich zu den bisher gesperrten Wohngebieten,
Das gilt nur für Juden,
Siehe Aushang vier- zwei- sieben,
Sind bis übermorgen früh
Um sieben Uhr noch folgende Gebiete, Straßen,
Wie ganz unten aufgeschrieben,
Zu verlassen.
Danach darf sie niemand mehr betreten.

Wer trotzdem noch angetroffen wird,
WIRD STANDRECHTLICH ERSCHOSSEN

Das Gebiet begrenzt
Im Westen, längs der Siegfriedstraße
Bis zur Nummer 85,
Also Ecke Sulzfeldstraße-, Siegfriedstraße,
Bis zur Ecke Siegfriedstraße-, Robertstraße;
Dann begrenzt im Norden längs der
Robertstraße, ungerade Nummern,
Also Ecke Siegfriedstraße-, Robertstraße,
Bis zur Ecke Robertstraße
Und den Polenjugendverwahrgebäuden;
Begrenzt im Osten längs der
Max- und Ewaldstraße ,
Das ist längs der Polenjugendverwahrgebäude,
Längs dem Westzaun,
Dann von dieser Ecke weiterhin nach Osten,
Längs der Ewaldstraße bis zum Gettozaun,
Begrenzt im Osten längs des Gettozaunes
Und im Süden durch die Winfriedstraße,

Also längs des Gettozaunes,
Und im Osten durch die Konradstraße,
Also längs des Gettozaunes,
Bis zur Sulzfeldstraße,
Und im Süden längs der Sulzfeldstraße,
Also Ecke Siegfried-, Sulzfeldstraße
Bis zur Ecke Sulzfeld-, Konradstraße.

Zur besonderen Beachtung:

Allen Arbeitern, die in
Geschlossenen Betrieben
Tätig sind, als kasernierte Arbeiter,
Ist es erlaubt, an ihrem
Arbeitsplatz zu bleiben,
Und in ihrer Dienstpflicht
Die Gebiete zu betreten.

Dies gilt auch fürs Krankenhaus.
Geheime Polizei des Staates.
Litzmannstadt,
August des Jahres 1944".

Viertes Überprotokoll:

So schrieb J. Goebbels,
Oberschwarzhemd und Vollstrecker,
1942 in sein Tagebuch:
„Es werden jetzt aus dem
Generalgouvernement die Juden nach dem Osten
Abgeschoben.
Bei Lublin beginnen wir damit.
Man wendet dabei ein barbarisches Verfahren an,
Das ist nicht näher zu beschreiben.
Von den Juden selbst bleibt nicht viel übrig.
Von je hundert wird man sechzig liquidieren müssen
Und nur diesen Rest von vierzig
In den Arbeitseinsatz bringen können.

Wir verlassen uns da ganz auf Globocnik,
Der leitete zuvor Gau Wien,
Der ist sehr umsichtig
Und wendet ein Verfahren an,
Das wirkt fast unauffällig...

Die in allen Städten frei gemachten Gettos
Werden wir mit abgeschobnen Juden
Aus dem Reich der Reiche wieder füllen,
Und es soll sich der Prozess erneuern".

Fünftes Überprotokoll:

In Auschwitz gab es eine Dauerselektion,
Die war die Weichenstellung in den Tod.

Man selektierte Arbeitsfähige,
Die fanden nun die Hölle hier auf Erden,
Mussten stundenlange Strafappelle,
In der Glut der Sonne stehen,
Oder schwere Säcke schleppen,
Darin war Zement,
Und wurden so, auf einem Umweg,
In den Tod geschickt.
Man gab sie auch für wenig Geld
An Kohlegruben ab
Und an die Rüstungsindustrie,
Die stellte manchmal eigne Nebenlager auf.

Die „unbrauchbar" gewordenen Gefang'nen
Hatten ihren Zweck erfüllt
Und wurden täglich umgebracht, vergast, verbrannt,
Und man ersetzte sie sofort durch neue
Aus den Neutransporten.

Aus dem Morden wurde ein Geschäft.
Man raubte allen alles.
Jedem nahm man seine Werte ab
Und alle Kleider;
Tötete die unbrauchbaren Angehörigen sofort,
Benutzte jede Arbeitskraft
Bis zur totalen, physischen Erschöpfung
Und verstümmelte die Körper,
Führte medizinische Versuche durch,
Zog aus den Leichen noch die goldnen Zähne,
Machte Menschenasche
Dann zu Dünger.

Sechstes Überprotokoll:

Selektionen fanden allgemein in Auschwitz statt.
Im Lodz'er Ghetto wurde Anfang 1942
„Umgesiedelt", wie es hieß,
Es war ein Abtransport nach Chelmno.
Im September dieses Jahres endete man die Aktion
Und zählte 55.000 Opfer.
Zwei Jahr' später wurde Lodz „evakuiert",
Man deportierte über 27.000 Juden
Aus den Lagern östlich von der Weichsel
In das Heimatland.
Nur so sind Lodz'er Frauen
In dem Lager Sasel zu erklären.

Ihre Ankunft stand direkt in dem Zusammenhang
Mit einer Selektion in Auschwitz
Und der Einrichtung des Lagers.

Siebtes Überprotokoll:

Uns ist ein kleines Bild bekannt,
Das zeichnet mit nur wenig Strichen
Den totalen Umfang der Tragödie auf,
Die Selektion.

Das Bild hat Francois Reisz gezeichnet:
Eine schmale lange Reihe nackter Frauen
Muss den Schwarzhemdarzt passieren.
Der sitzt auf dem Stuhl
Und lässt, bei jeder seinen rechten Daumen
Auf- und niedersinken,
Das heißt Arbeitslager oder Tod.
Die Frauenköpfe sind geschoren.
Eine Schwarzhemdfrau in Uniform
Steht neben jenem Arzt,
Und sie bewacht die Szene.

Achtes Überprotokoll:

Dies hören wir von Rudolf Höss(?):
„Die Art und Weise,
Wie wir unsre Opfer wählten war wie folgt:
Zwei Schwarzhemdärzte
Waren im KZ in Auschwitz tätig,
Die Gefangenentransporte gleich zu untersuchen.

Alle hatten diese Ärzte zu passieren,
Die sie im Vorbeimarsch
Durch ein Fingerzeichen selektierten.
Die zur Arbeit taugten, kamen in das Lager,
Andere sofort in die Vernichtungsräume.
Kinder, die im zarten Alter standen,
Wurden ausnahmslos vernichtet,
Da sie wegen ihrer Jugend
Keine Arbeit bringen konnten".

Neuntes Überprotokoll:

Justizminister Doktor Thierack
Schrieb von dem Gespräch
Mit dem Vollstrecker Himmler:

„Dies betrifft soziale Elemente
Aus dem Strafvollzug:

Sind alle auszuliefern,
Zur Vernichtung durch die Arbeit,
Restlos auszuliefern sind die
Sicherungsverwahrten, Juden, Russen,
Die Ukrainer, die Zigeuner,
Polen über drei Jahr' Strafe,
Tschechen oder
Deutsche über acht Jahr Strafe....

Meiner Regelung zur Prügelstrafe,
Die der Führer wünschte,
Wird ausdrücklich zugestimmt".

Letztes Überprotokoll:

„Wir Steine sagen euch,
Aus welchen Ländern die verstorbenen Insassinnen
Gekommen sind.
Wir hörten ihre Sprachen.
Unter ihnen waren
Polinnen und Ungarinnen,
Deutsche, Tschechinnen, Französinnen,
Aus Jugoslawien eine Frau
Und eine kam aus Griechenland".

Die Totenliste wies die Unbekannten aus
Mit einem kargen Zusatz: „Jüdinnen".
Die hatten keine Herkunft
Und man wusste ihre Namen nicht.

Die Steine schwiegen wieder
Und man endete die Fragerei an diesem Tag.

Es ist der dritte Tag,
Der ging fast ganz vorbei.

Inzwischen haben sich noch neue Zeugen
Eingefunden,
Die aus Briefen ihren Beitrag
Leisten wollen,
Und man bittet sie,
Und damit sind sie einverstanden,
Morgen ihre Sache, vorzutragen.

Im Gelände sieht und hört man noch
Die Gruppe Jugendlicher,
Die sich mit der Künstlerin
Und einem Steinmetz über jene Steinschrift
Und das Mahnbild unterhalten,
Das der ausgesuchte Felsen tragen soll.

Um den Granit ein wenig flächig
Zu gestalten,
Will man ihn in ganzer Länge spalten
Und darauf ein Tafelbild erstellen.
Das ist nun beschlossen,
Und der Stein wird,
Wenn er aufgerichtet ist, die Höhe
Eines ausgewachsnen Mannes haben.
Seine Mahnung soll
„Die Unantastbarkeit der Menschenwürde" sein,
Auch das ist schon gewiss.

Der vierte Tag
Gedenkt der toten Insassinnen,
Die auf Bergstedt's Friedhof ruh'n.

Es werden Briefe vorgelesen.

Dieses ist der erste Brief,
Es liest Frau B.:

„In Sasel gab es viele, viele Zwangsarbeiter,
Die auf Bauernhöfen ihre Arbeit machen mussten.
Einer hatte heimlich Unterschlupf
Bei einer Heimatfrau, das war Frau B."
So liest Frau B.,
Man weiß nicht, ob sie von sich selber spricht,
„Er war Weißrusse,
Und er sah an einem Tag sehr traurig aus.
So fragte ihn Frau B.,
Was mit ihm los sei,
Und er sagte, dass er an dem Tag
Zwei Frauen und ein kleines Baby
Mit dem Wagen auf den Friedhof Bergstedt's
Hatte karren müssen.
Diesen Auftrag musste er für seinen Bauern machen,
Der erhielt den Auftrag aus dem Lager
Und bekam dafür die Küchenreste
Für die Schweine.

Sicher hat der Russe diese Fahrten
Öfter machen müssen,
Doch er stand wohl in der Schweigepflicht
Und durfte der Frau B.
Von keinem weiteren Transport berichten".

Der zweite Brief kommt von Herrn X.,
Er schreibt vom Bringen und Begraben
Der verstorbenen Insassinnen,
Und er bedingt sich aus,
Dass niemand seinen Namen nennen darf,
Das ist ihm sehr, sehr wichtig.

„Anfangs lieferte man die Verstorbenen
In Särgen auf dem Friedhof Bergstedt's an,
Mit ihnen kamen sämtliche Bescheinigungen.

Da es sich bei jedem Mal um eine
Wohlfahrtserdbestattung handelte,
Wurd' mir nicht klar,
Dass es wohl Tote aus dem Frauenlager Sasel,
KZ-Neuengamme, waren.

Dann, am 21. April im Jahre '45,
Wurden wieder Frauen angeliefert,
Lagen ordentlich geladen
Auf dem Wagen (nicht gestapelt!).

Den Transport begleitete auch eine Liste,
Die vom Lagerarzt geschrieben war,
Die hatte er selbst unterzeichnet.

Auf dem Friedhof hatten wir kein Personal,
Die Frauen zu begraben,
Und wir fragten in dem Lager an,
Erhielten vom KZ Bescheid,
Dass man uns Frauen zur Verfügung stellen würde.

Alle toten Frauen waren unbekleidet,
Und sie schienen ganz normal ernährt.

Man hätte sich schnell überzeugt,
Dass keine äußeren Verletzungen an ihnen waren,
Und sie waren nicht erschossen worden,
Und es hatte nichts von außen

Auf sie eingewirkt.
Wir hatten keine Särge,
Und die Bauern aus der Nähe
Mussten Stroh besorgen.

Das war für die Zeit nicht unnormal.
Man fragte auch den Lagerarzt am Telefon,
Warum, woran die Frauen denn verstorben seien,
Und der sagte gleich,
Die hätten zu viel Nahrung aufgenommen.

Diese Frauen hatte man mit Zügen
In das Lager überführt,
Und auf der Fahrt war die Ernährung dürftig.
Hier im Lager haben sie sich dann mit Essen,
Sehr vermutlich, überfüllt.
Das hat ihr Magen nicht vertragen
Und er ist geplatzt.
Die Antwort dieses Arztes
Wurde durch die Frauen,
Die zur Hilfe kamen unterstützt.

Die hatten Kleider an
Und Schürzen umgebunden,
Reichlich Essen mit
Und waren wohlfrisiert und hatten Seife,
Was uns alle sehr erstaunte,
Weil sonst niemand welche hatte.

Diese Frauen, etwa acht bis zehn,
Begleitete ein Wachmann,
Der war etwa 60 Jahre alt.
Und trug Landjägeruniform.

Vom Lager selbst und den Insassinnen
War dem für diesen Friedhof Zuständigen
Nichts bekannt,
Er hatte beides nie gesehen".

Der dritte Brief stammt von dem Propst H.P.
Der liest nicht selbst,
Dafür ist er zu alt.
Dies ist zu hören:

„Meine große Achtung gilt den Jugendlichen,
Die sich den Besitz -Erinnerung-
Nicht rauben lassen wollen.

Kürzlich hörte ich jedoch
Auch einen andren Satz:
Erinnerung an diese Dinge
Ist der Tod für diese Dinge,
Weil das Wissen um sie leben muss,
Und das ist mehr,
Als sich daran erinnern.

Daher bin ich davon überzeugt,
Dass die Bezeugung mehr ist,
Als das Fragen,
Und es kann die Jugend in die Welt von damals
Führen.

Ich bin alt
Und muss mich jener Zeiten schämen,
Meiner Zeit, die war dabei,
Und will mich hüten,
Daran nachträglich noch Korrekturen vorzunehmen,
Um vielleicht das Bild ein wenig aufzuhellen.

Bis zum 21. April des Jahres '45
Habe ich von dem Kommando Sasel nichts gewusst.
Das mag damit zusammenhängen,
Dass ich hauptamtlich in Volksdorf war,
Und die Gemeinden Sasel, Bergstedt,
Kannte ich nicht so genau,
Ich kann daher auch keine Auskunft geben,
Wie die Menschen sich den Insassinnen gegenüber
Ausgenommen und verhalten haben.

Aber es ist richtig,
Dass ich damals die Verwaltung
Dieses einen Friedhofs Bergstedt hatte,
Der gehörte den Gemeinden
Bergstedt, Ohlstedt, Volksdorf, Poppenbüttel.
Nun zurück zu jenem Tag.
Ein Wagen fuhr ganz ohne jede Voranmeldung
Auf den Friedhof,
Und als Ladung wies man uns zwölf tote Frauen,
Jüdinnen.
(Die Anzahl habe ich aus Ihrem Brief entnommen,
Weil ich sonst nicht sicher bin.
Die Anzahl ist ja im Register nachzuprüfen.)

Diese Ladung
Und die Weise ihrer Überstellung
Zeigte die Unmenschlichkeit
Und die Brutalität in größter Deutlichkeit.

Die Leichen brachte man uns nackt,
So wie man Vieh anschleppt,
Das irgendwo verendet ist.

Mit diesen Toten gab man uns nur ein paar Namen,
Was man später nicht mehr machte,
Was sich später auch nicht mehr erwirken ließ,
Dann gab es nur noch Häftlingsnummern.

Die vom 21. April, so hieß es,
Seien auf dem Treck, auf dem Transport
Gestorben,
Und als Gründe gab man Überanstrengung
Und die Erschöpfung dieser Menschen an.

Da wir von Sasel noch nichts wussten,
Hielten wir, was man uns sagte,
Wenigstens für möglich,
Und es kam auch die Verlegung

Irgendeines Lagers aus dem Kriegsgebiet
In Frage.
Was wir später sahen
Nahm uns jede Illusion.

Die neuen Leichenüberführungen
Belehrten uns schnell eines andren.

Ihre Fragen, unsre Fragen,
Ob die Frauen umgebracht, getötet worden waren,
Konnten wir nicht klären,
Offensichtlich war jedoch Unmenschlichkeit am Werk.

Mich selber überfiel ein großes Maß an Traurigkeit,
Und völlig hilflos stand ich vor den Toten,
Und war derartig gelähmt,
Dass ich nichts unternehmen konnte
Und nicht wusste wie schon früher,
Was ich hätte unternehmen können oder sollen.

Brüderlichkeit war es, die mir blieb,
Und die ich zeigen wollte,
Und die Toten sollten nicht in einem Massengrab
Begraben werden und nicht abseits ruh'n.
Wir betteten sie zwischen unsren Reihn
In Einzelgräbern,
So dass Einheimische und Gefangne
Abwechselnd begraben waren.
Das stieß unerwartet auf den Widerstand
„gewisser Kreise", die dagegen protestierten,
Dass die eignen Toten
Neben Juden ruhen sollten.
Mein Erinnerungsvermögen hat sehr abgenommen.
Ich bin über 8o Jahre alt
Und kann nicht weiter Auskunft geben.

Meine Grüße gelten nun der Jugend,
Dass sie wissend werden möge".

Die Jugendlichen sind nun aufgerufen
Über das zu sprechen,
Was man ihnen vorgelesen hat.

Der Brief vom Probst H. P. hat sie verwirrt.
Sie meinen, dass er sicher die Transporte
Nicht mehr hatte auseinanderhalten können,
Und sein Brief stand auch im Widerspruch
Zu Zeugen,
Die auf diesem Friedhof tätig waren:
So enthielt der erste Wagen
Wohl auch nackte Frauenleichen,
Allerdings mit Namen,
Und erst später lieferte man Namenlose an,
Und es entstand der Eindruck
Von Unmenschlichkeit.
Auch muss man wissen,
Dass die auf dem Treck,
Auf dem Transport, Verstorbenen,
Wie es der Schwarzhemdmann
Dem Probst noch telefonisch sagte,
Zu den ersten Toten zählten
Und nicht zu den späteren.
„Die Totenliste Bergstedt's
Weist in einer ganz bestimmten Zeit
Nicht einen Eintrag aus.
Das sind die Tage, Wochen, Monate
Vom 2o. November '44 bis zur
Mitte März des Jahres '45".

„Ist es denkbar,
Dass es keine Todesfälle gab"?

„Es war ein schwerer Winter,
Nahrung war doch kaum vorhanden,
Die Bekleidung war sehr mangelhaft".

„Vielleicht hat man die Toten
Und das Sterben ganz geheim gehalten,
Die Bevölkerung getäuscht".
„In dieser Zeit,
Das las ich im Bericht des Doktor Trzebinski,
Verstarben von 11.768 Frauen,
Die in allen Nebenlagern saßen, 95,
Und von über 4o.ooo Männern
In der gleichen Zeit 6.ooo,
Das sind unvergleichlich
Viel mehr Männer".

„Das ist kaum mehr zu erklären".

„Mag daran gelegen haben,
Dass man die erschöpften Männer
Aus den Nebenlagern sammelte
Und sie zurück nach Neuengamme brachte.
Und ersetzte.
Die zurückgebrachten Männer starben,
Während man die Frauen
In ein andres Lager brachte,
Bergen-Belsen denke ich,
Denn Neuengamme war ein Männerlager".

„Bergen-Belsen wurde mit dem Winter '44
Nur noch Krankenlager
Und zog alle ein.
Hier flossen sämtliche Transporte ineinander,
Und im März des Jahres '45
War es überfüllt,
Dass man es nicht beschreiben kann".

„Dies kann der Grund gewesen sein,
Warum man dann mit den Beerdigungen
Auf dem Friedhof Bergstedt's
Wieder weiter machen musste".

„Frauen sterben einfach
Nicht so schnell,
Das hängt mit biologischem Geschehen
Eng zusammen".

„Bei den Frauen
In KZ- Kommandos außerhalb von Neuengamme
Handelte es sich um Frauen,
Die schon mehrfach Selektionen überlebten,
Die aus Lodz, in Sasel,
Hatten in den Ghettos Lodz
Und Auschwitz,
Birkenau und Ravensbrück die Selektionen überstanden,
Während sich die Männer in dem Lager Neuengamme
Lange schon befanden,
Und sie wiesen einen schlechteren
Ernährungs- und Gesundheitszustand auf,
Das haben uns die Herren Sch. und P.
Gesagt".

„Man mühte sich sehr stark,
Die Todesfälle streng geheim zu halten.
Anfangs wurden doch die Frauenleichen
Noch mit Särgen und mit sämtlichen Papieren überbracht
Und konnten bei den Zuständigen dieses Friedhofs
Und beim Pastor den Verdacht
Nicht wecken".

Und er schreibt,
Dass ihn die nackten, namenlosen Frauenleichen
So betroffen machten,
Weil sie plötzlich, ohne Vorankündigung,
Auf seinem Friedhof lagen.
Er erinnert sich an diesen Tag,
Es war der 21. April des Jahres '45.
Hilflos sah er damals,
Dass Unmenschlichkeit am Werk war,
Und aus andren Protokollen
Konnte man das nicht entnehmen.

114

Schließlich dachte man an ähnliches Geschehen
Bei den Bombenopfern,
Die auch angeliefert wurden
Und bestattet werden mussten.

Das sah man als nicht sehr
Ungewöhnlich an.

„Wie kann man nur behaupten,
Dass die Frauen,
Die man zur Bestattung brachte,
Nicht ganz ausgemergelt waren,
Und es widerspricht den anderen Berichten".

„Und die Frauen des KZ's,
Die beim Begraben helfen sollten,
Trugen Kleider, Schürzen,
Hatten sogar Seife
Und so viel zu essen,
Dass es wie ein Proviant aussah".

„Es ist doch möglich,
Dass es sich um Schwarzhemdfrauen handelte,
Um die Bewacherinnen selbst,
Und nicht um die Insassinnen".

„Vielleicht versuchte man zu täuschen,
Machte dies Manöver,
Um von anderen Geschehen abzulenken".

„Dieser Tag, der 21, April,
Ist doch der Tag der Kindermorde,
Bullenhuser Damm,
Und anderer Erschießungen,
Und ausgerechnet diesen Toten
Gab man keine Namen mit".

„Vielleicht sind sie doch Opfer einer Hinrichtung
Gewesen, brachte man sie um,
Um so noch Zeugen einer Schreckensherrschaft
Zu beseitigen"?

„Wir müssen den Verdacht bewahren
Dürfen ihn nicht einfach so
Beiseite legen".
„Wer soll das noch klären können"?

„Die vom Schwarzhemdarzt genannten Gründe,
Dass der Magen platzte,
Sind in letzter Konsequenz
Auch möglich.
Leider haben wir den Schein
Und seine Unterschrift bisher
Nicht finden können.
Damals irrte eine Vielzahl von Transporten
Unter grausamsten Bedingungen und Härten
Durch den Norden unsres Landes.
Hunger, Krankheit holte Tausende.

Die Gräber dieser Opfer säumen lange Wege".

„Auf den Trecks, das stimmt,
Verstarben viele Menschen.
Das erfuhr man immer wieder von den Flüchtlingen,
Die aus dem Osten kamen".

„Wenn man das bedenkt,
Dass einer dieser Menschen,
Der am Ende seiner Kräfte ist,
Ganz plötzlich essen kann,
So viel er will und hört nicht auf,
Dann ist es vielleicht denkbar,
Dass sein Magen platzt".

„So ausgehungert
Und so ausgemergelt sollen
Die vom Treck auch nicht gewesen sein".
„Es herrschten damals auch die Wirren
Des Zusammenbruchs, der stand bevor,
Und der Verdacht schwand schließlich sehr,
Zumal der Arzt
Doch eine Art Erklärung abgegeben hatte,
Und die Namen gab er sowieso nicht her".

„Die Menschen waren nicht mehr fähig
Höhere Intressen auszumachen,
Oder etwas zu bemerken,
Das geschichtliches Erkennen nach sich zog".

„Ich lese ein paar Zeilen vor,
Die sind von einer Insassin,
Und man erkennt, wie wenig die
Von dem Geschehen
In dem Lager wussten:
'Über das Verbrechen einer Tötung
Kann ich gar nichts sagen.
Ich war Insassin im KZ-Sasel.

Was ich weiß in dem Zusammenhang,
Beschränkt sich auf die Häftlinge
Mit ernsthaften Erkrankungen.
Darunter war auch eine Häftlingsfrau,
Die fiel in Wahnvorstellungen
Und wurde fort gebracht, es hieß
Nach Neuengamme.
Wenn ein solcher Abtransport erfolgte,
Schloss man uns in den Baracken ein.
Ich weiß nicht,
Was man wirklich mit den Fortgeführten machte,
Aber, wenn ich danach ging,
Wie es in Birkenau geschehen war,
Dann brachte man sie um".

Mit den Gesprächen
Geht der vierte Tag zu Ende.
Morgen soll ein Dokument verlesen werden,
Das ist unerwartet aufgetaucht.
Es meldete sich eine ehemalige Insassin,
Bat ums Wort.
Man sprach mit ihr in einem Interview,
Das wird dann vorgetragen.

Heute diskutiert man noch
Die Folgerungen der Gespräche,
Manche Sätze klingen lange nach,
Und die Gedanken lassen sich
So schnell nicht ordnen.

Außenstellen, so wie Hamburg-Sasel,
Hatten einen ganz bestimmten Zweck:
Man gab den Lagern auf,
Die letzte Kraft aus den Insassinnen zu saugen,
Ohne der Bevölkerung
Von dem System des Grauens
Etwas zu verraten.

Auch die Herkunft der Insassinnen,
Dass sie aus Lodz, aus Ravensbrück,
Aus Auschwitz- Birkenau gekommen waren,
Sollte niemanden bekümmern,
Und die Ziele der Transporte,
Die „nur Invaliden" mit sich führten,
Die in Lager, wie nach Bergen-Belsen
Oder Neuengamme gingen,
Und das Sterben vor Erschöpfung,
Sollte niemand ahnen können.
Nur allein in Hamburg gab es 13 oder 14 Außenstellen.
Der Bestand belief sich auf 10.000 Menschen,
Den erneuerte man unentwegt.

Es schien den Herrschenden gelungen,
Ihre wahre Absicht zu vertuschen.
Mitgefühl und Mitleid der Bevölkerung
Und das Intresse an der Wahrheitsfindung
Drängten sie mit Angst
Und ihrer Propaganda weit zurück,
Dass viele Augenzeugen heute noch
In voller Überzeugung nur von
„irgendeinem Arbeitslager" sprechen.

Offenkundig haben Saseler
Von Auschwitz und von Bergen-Belsen
Nichts gewusst,
Auch nicht, dass dies für viele Schicksal wurde.

KZ-Sasel war in diese Leidenskette eingespannt
Und hatte gnadenlos zu funktionieren,
Und das Leiden dieser Frauen,
War für alle, die es sehen wollten,
Offensichtlich.

Fünfter Tag:
Verlesung eines nachgereichten Dokumentes.
Dieses ist ein Interview
Mit einer ehemaligen KZ-Insassin,
Der Frau I.
Sie war zu dem Gespräch bereit.
Es wurde alles aufgeschrieben,
Und beschreibt den Leidensweg der Frau,
Der nahm im Ghetto Lodz den Anfang
(Dort hielt sie fünf Jahre aus),
Sie war ein Kind zu jener Zeit.

I.)
Das Ghetto, sagt sie,
War ein Teil der Stadt,
Den hatte man umzäunt
Und darin sollten nun die Juden wohnen.

Anfangs gab es eine Zeit,
Da fanden sie noch Arbeit außerhalb,
Doch das wurd' schnell verboten.

In das Ghetto waren Großbetriebe eingeschlossen.

Alle Arbeitsfähigen, so hieß es,
Sollten dort beschäftigt werden.
Das, was 'arbeitsfähig' war,
Entschied die Selektion.
Die machte keinen Unterschied
Und schied die Älteren (ab fünfzig Jahre etwa),
Kleine Kinder,
Kinder, die zur Schule gingen,
Alle Arten von Behinderten
Als gar nicht arbeitsfähig aus.

Frau I. war damals erst zehn Jahre alt
Und noch ein Kind,
Und sie berichtet, dass sich ihre Eltern
Gegen das Kommando stellten
Und den Ausweis ihrer Tochter fälschten,
Und die Tochter älter werden ließen.

Mit zwölf Jahren
Hatte man schon Anspruch
Auf die Arbeitskarte, die war lebenswichtig,
Nur mit dieser Karte gab es
Lebensmittel.

Andre Kinder wurden von der
Schwarzhemdmannschaft eingesammelt
Und mit unbekanntem Ziel verschickt.

Es war schwer eine Arbeitskarte zu erhalten,
Und die Eltern mussten ihre Tochter
Oft verstecken,
Die hielt hinter mit Tapeten zugeklebten
Türen aus
Und wurde von den andren mit ernährt.
Die lebten selbst von
Winzigsten Portionen,
Die bestanden nur pro Tag aus 30 oder 4o
Grammen Brot und braunem Zucker.

Manchmal gab es einen Pferdeknochen,
Niemals Salz.
Es kam oft vor,
Dass man den ganzen Tag in einer Schlange stand,
Um seine wöchentliche Menge abzuholen.

Oft kam es zur Prügelei um ein Stück Brot.
Man stahl es sich sogar in den Familien
Gegenseitig,
Und der Hunger war so schrecklich groß.

Fünf Jahre Hunger können aus den Menschen
Tiere machen.

II)
Getrennt von der Familie
Lebte die Frau I.
Mit 12 bis 18 Jahre alten Jüdinnen zusammen.
In dem Ghetto mussten sie
In den Metallbetrieben Munition herstellen,
Oder in der Sattlerei an ledernen Geschirren nähen,
Die man für die Pferde brauchte.

Ihre Arbeitszeit begann am morgen
Um sechs Uhr und endete erst abends
Um die gleiche Zeit.

Es hieß, die Juden sollten sich ihr Ghetto
Selbst verwalten,
Das wurd' auch veröffentlicht.

Die Herrschenden verpflichteten die Juden
So zur Mitarbeit
Und machten sich die Hilfe dieser Menschen
Noch zunutze,
Doch die wichtigen Entscheidungen
Beschloss die Schwarzhemdschar.

Im Lager gab es die Bewegung Jugendlicher,
Die sich heimlich gegen jeden
Rutenbündelträger wehrte,
Und sie sangen die Befreiungslieder.

Eines dieser Lieder,
Das Horst-Wessel-Lied, war ausgehöhlt:
Man sang die Melodie,
Es war das Schwarzhemdlieblingslied,
Und unterlegte es mit eignen Texten.

Alle hatten eine Hoffnung
Auf die Außenwelt.
Es sollte die Befreiung durch die Russen
Oder die Amerikaner kommen;
Anfangs dachte man sogar an Menschen
Aus dem Heimatland der
Schwarzhemdträger,
Weil man die Kultur bedachte,
Die doch alle trugen.

III)
Frau I. fährt fort:
Wir lebten schon im dritten Jahr,-
Als man noch Tschechen
In das Ghetto brachte.
Diese Menschen konnten sich

Nicht schnell genug an unsre Not gewöhnen
Und verstarben viel, viel früher
Als die andren Juden.

Wer sich die Ration nicht richtig teilte
Und das Wenige auf einmal aß,
Starb ganz gewiss den Hungertod,
Der kam sehr eilig.

Hier ins Ghetto Lodz
Gelangten sogar Männer, Frauen,
Die aus Hamburg stammten.

Manchmal kamen Überfallkommandos,
Die nach Kranken, Alten, Kindern suchten.
Wer unfähig war zur Arbeit,
Wurde aussortiert und gleich nach Auschwitz transportiert.

Von den Kommandos kehrte niemand heim.
Und niemand konnte jemals eine
Nachricht senden,
Niemand hatte wieder in Kontakt
Mit den Verwandten treten können.
Wir misstrauten den Kommandos sehr,
Und jeder tat sein Möglichstes,
Um irgendwie gesund zu scheinen.

IV)
Plötzlich wurde Lodz,
Das Ghetto (Litzmannstadt),
Geräumt und aufgelöst.
Es konnten sich noch fast 500 Menschen
Mit im Untergrund verstecken,
Die befreite dann nach Monaten die Rotarmee.

Es kam ein neues Überfallkommando,
Das durchsuchte auch das Haus der Eltern
Von Frau I.

Sie lag versteckt in einer kleinen Truhe
Und die Schwarzhemdmannschaft glaubte nicht,
Dass sich ein Mensch in diesem winzigen Behältnis
Unterbringen und verstecken konnte,
Und sie gaben ihre Suche auf.

Frau I. kroch erst nach Stunden aus dem Kasten,
Aber ihre Eltern waren fort.

Sie suchte sie,
Und als sie sie dann fand,
Wurd' sie mit ihnen zum Transport gebracht.

Die Eltern waren streng
Mit ihrem Kind gewesen
Und verlangten, dass es erst einmal
Die „Sprache seiner Feinde" lernen müsse,
Das könnt' Leben retten,
Und die Tochter musste nächtelang
Die Sprache pauken.

Das war gut und half ihr viel,
Weil sie verstand, wann die Kommandos
Ihre Suche endeten und wieder gingen.

Zum Transport erlaubte man,
Dass sie sich ein paar Sachen packen durften,
Und es schien,
Als würden sie nur umgesiedelt.
Alle mussten sie in Güterwagen steigen,
Die man wahllos füllte,
So dass viele der Familien
Nicht zusammenkamen,
Und die Menschen standen darin eng an eng,
Es konnte keiner sitzen,
Und man fiel nicht einmal um.

Es gab auch keine sanitären Möglichkeiten,
Und die Reise dauerte zwei Tage
Und die Nächte.
Selbstmord wollten die Bewacher
So verhindern
Dass sie sagten und versprachen,
Jeder würde sein Gepäck zurückerhalten
Und sich bei der Ankunft waschen können.

Als die Reise schließlich endete,
Befanden sich die Deportierten
Innerhalb des Zaunes
Eines neuen Lagers: Auschwitz.

Dort erblickten sie gleich
Kahlgeschorne Frauen,
Die in Streifenkleidung gingen,
Und man sagte ihnen, weil sie fragten:
„Das sind Irre".

Über einem Eingangstor
Stand die Parole schwarz auf weiß:
„Arbeit macht frei".

Die Ankunft brachte gleich die Trennung
Von dem Vater.
Später trennte man die Frauen,
So dass Ältere und Mädchen nicht
Zusammen kamen.

Danach mussten sie sich
Ganz entkleiden,
Und wer nicht sofort gehorchte,
Wurde von den Wachmannschaften
Mit den Kolben der Gewehre
Auf den Kopf geschlagen
Und dazu gezwungen.

Danach fand die Selektion der Frauen statt,
Die endete im sogenannten
„Raum der Säuberung".

V)
Sie verließen schnell den „Raum der Säuberung"
Und waren selbst die „Irren",
Kahl geschoren und in Streifenkleidung.

Jeder drückte man am Ausgang eine Dose in die Hand,
Darin befand sich Schweinefleisch,
Pro Kopf ein halbes Kilogramm.

Frau I. nahm ihre Dose,
Und sie sollte davon essen.
Das war ihr unmöglich,
Ihre Mutter war grad mit dem Kolben des Gewehres
Auf den Kopf geschlagen worden,
Und man hatte sie von ihr getrennt.

Das Lager Auschwitz war schon völlig überfüllt,
Und die Insassen mussten diese
Herbstlich kühlen Tage und die nassen Nächte
Auf dem freien Feld verbringen.

Aus dem Hintergrund vernahmen sie Musik
Zur Unterhaltung der Bewacherinnen,
Die drang bis zu ihnen.
Die verbrachten ihre Nacht in den Baracken.

VI)
Morgens breitete sich Panik aus:
Insassinnen berichteten, dass dort,
Wo Rauch aufstiege, Krematorien sein.

Man flüsterte sich zu:
„Wer nicht mehr kann, kommt dort hinein
Und wird verbrannt",
Und zu Frau I. ganz barsch:
„Iss doch dein Fleisch,
Der Schornstein steht nicht über einer Küche".

Die Menschen nahmen sich in Massen
Selbst das Leben.

Es genügte schon, dass jemand, depressiv,
Den Kampf ums Stückchen Brot vermied.
Er starb sofort vor Hunger.

Alle Häftlinge versuchten trotzdem
Ohne Unterlass sich Mut zu machen
Und sich aufzumuntern,
Und sie sagten:
„Sicher kann der Krieg
Nun nicht mehr lange dauern" oder
„USA und Russland müssen uns doch helfen, oder
„Man kann doch nicht einfach Krematorien baun
Und aus den Menschen Seife machen".

Und Frau I. litt schrecklich,
Durch die Trennung von der Mutter,
Seelisch war sie schon zerbrochen.

Eine unbekannte Frau,
Sie mochte selbst die eignen Kinder
So verloren haben,
Gab sich sehr viel Mühe, um sie aufzurichten.

Die Bewacherinnen waren, das fiel allen auf,
Sehr dicke Frauen,
Und sie waren Schwarzhemdfrauen,
Die behandelten die Insassinnen
Sehr brutal
Und rücksichtsloser als die Männer.

Immer wieder schrien sie Frauen an:
„Du Hurentochter, Haufen Mist",
Und weitaus Schlimmeres ergoss sich über sie.
Auch hatten die Bewacherinnen
Eine große Lust an Quälereien,
Und sie peinigten die Insassinnen mit Genuss.

Die Männer schlugen einmal zu,
Und dann war wieder Ruhe.

Hier in Auschwitz war Frau I.
Nur einen Tag und eine Nacht,
Dann brachte man sie weiter zum Transport
Nach Hamburg.

Sie gehörte zu den Arbeitsfähigen,
Die sollten in der Stadt
Die Räumarbeiten machen.

VII)
Frau I. kam in ein andres Lager,
Am Dessauer Ufer,
Und man fuhr sie mit dem Schiff
Zu ihrem Arbeitsplatz.

Sie musste Kohlen schaufeln und entladen,
Musste Platten aus Beton herstellen,
Die verwendete man für die Plattenhäuser,
Musste Arbeiten verrichten,
Deren Sinn sie oftmals gar nicht kannte.

Hier im Lager traf sie auf verschiedenste Nationen,
Auch auf Menschen dieses Landes.
Alle trugen Streifenkleidung.

Diese Zeit, so sagt Frau I.
War äußerst grausam.

Sie erinnert sich an einen Bombenangriff.
Es war Herbst des Jahres '44.
Sie blieb auf dem Weg bewusstlos liegen.
Eine Leidenskameradin
Trug sie in den Bunker.
In der Dunkelheit erbrach sie sich
Und hatte hohes Fieber.

Als dann, nach dem Angriff,
Eine Schwarzhemdfrau das Licht anzündete,
Vermisste die ein Glas mit Marmelade,
Und sie hatte den Verdacht gleich
Auf Frau I. gerichtet,
Weil die ja erbrochen hatte,
Und man schlug Frau I. zusammen.

Im Oktober gab es wieder eine Selektion.

Das Lager, das sie dann bezogen,
War ganz neu,
Und die Baracken waren unbenutzt
Es war das Arbeitslager Sasel,
Und das nahm nur Juden auf.

VIII.)
In Sasel angekommen,
Trennte man sofort die Jüngsten
Von den Älteren,
Man brachte auch Geschwister auseinander.

Die Baracken schienen nie zuvor
Bewohnt gewesen.
Niemand durfte die Baracke
Eines andren betreten.

Die Bewachung wohnte außerhalb des Zaunes
Auch in Wohnbaracken.
Jeden Morgen war Appell,

Es wurde durchgezählt.
Die Uhr war fünf,
Und danach ging es ab zur Arbeit.

Jede Arbeitsgruppe hatte einen eignen Weg
Zu gehen,
Und sie machten ganz verschiedne Arbeiten.

Die eine der Kolonnen
Ging zum Schienen transportieren,
Eine andere zum Steinwerk.
Viele mussten an den Plattenhäusern bauen,
Oder in der Ziegelei die Ziegel formen.

Bei dem Marsch zur Ziegelei
Bewegten sich die Frauen,
Immer fünf in einer Reihe,
Zwei, drei Stunden lang, um hinzukommen.
Hier erwartete sie noch verhältnismäßig
Leichte Arbeit,
Denn sie fand in einem Werkraum statt.

Dann, abends tastete man alle Frauen ab,
Durchsuchte sie nach Zeitungen,
Nach Messern, Gabeln, Scheren usw.
Damit suchte man den Selbstmord
Der Gequälten zu verhindern.
Der geschah trotzdem.
Es warf sich eine Lehrerin,
So schnell, dass man es nicht verfolgen konnte,
Vor ein Auto, das vorüber fuhr.

Es drohte immer wieder eine Selektion.

Die Frauen schminkten sich
So gut es ging, sowie sie davon hörten;
Färbten sich mit aufgelesenem Bonbonpapier,
Dass sie nicht so erschöpft
Und nicht halb tot aussahen.

Ihre Zwangsarbeit wurd' lockerer
Wenn Männer sie bewachten.
Andrerseits geschah mit den Bewacherinnen
Folgendes:

Es gab ganz in der Nähe ihres Lagers
Bauernhöfe,
Darauf mussten Italiener arbeiten.
Die wohnten in Baracken.
Diese Menschen kannten ihre Not
Und halfen wenn und wo sie konnten,
Legten Äpfel und Kohlrabi hin
Und machten mit den Frauen gleiche Arbeit
In der Ziegelei.

Wurd' eine der Insassinnen nun Opfer
Einer der Bewacherinnen, dass die sie schlug,
Ging einer dieser Italiener zu ihr hin
Und machte dieser Schwarzhemdfrau
Ganz eindeutige Angebote,
Und er sagte nur:
„Amore, si amore",
Und verschwand mit ihr,
Fast immer für den ganzen Rest des Tages.

IX)
Hamburg wurde ausgebombt.
Die Insassinnen mussten Straßen reparieren,
Schutt und Asche schaufeln
Und beiseite räumen.

In dem Lager gab es manchmal einen Sonderposten:
Saubermachen bei den Schwarzhemdfrauen,
Deren Wäsche waschen,
Oder Küchenarbeit leisten.
Das war alles leicht zu schaffen.
Manchmal hörte man am Abend

Aus der einzigen Baracke für die Kinder
Lieder und Gebete,
Manchmal sangen sie auch revolutionäre Texte.
Dann kam eine Aufsicht,
Die blies zum Appell,
Und wer dem Aufruf nicht gleich
Folge leisten wollte oder schrie,
Bekam sofort die Peitsche,
Die war rücksichtslos und kannte kein Erbarmen.

Manchmal rief die Aufsicht nur:
„Macht weiter".

X)
Einmal übersahen die Bewacher etwas,
Das geschah mit Absicht,
Und es war den Frauen eine große Hilfe.
Draußen waren sie im Dauerregen bei der Arbeit,
Und in der Baracke lagerte Zement in Tüten.
Dieser Tag war kalt,
Die Frauen trugen ihre nasse Sträflingskleidung,
Und sie zogen sich darunter
Säcke der Zementverpackung.
Diese Säcke waren wasserundurchlässig
Und ein wenig warm.

XI)
Eines Tages kam ein Arzt in Uniform.
Der brachte eine heimatliche
Krankenschwester mit.

In einem kleinen Raum bewahrte man noch
Medizin, das war fast nichts.

Frau I. war krank
Und lag in dieser Kammer,
Und sie wurde untersucht,

Und man erklärte sie für
Untauglich zur Arbeit,
Und der Arzt gab ihr Tabletten,
Die er heimlich in der Mütze aufbewahrte,
Steckte sie ihr zu.

Sie dachte, das sei Gift,
Doch es war echte Medizin.

Von diesem Arzt erhielt sie eine Zeitung.
Darin las sie,
Dass der Krieg nun bald zu Ende sei.

Sie sollte neuen Mut zum Überleben finden,
Der ging durch die schwere Krankheit
Ganz und gar verloren.
Auch bewahrte sie der Arzt davor,
Als Kranke aussortiert zu werden.

Später traf sie ihn in Bergen-Belsen wieder.
Sie erfuhr erst nach dem Krieg
Von seinem Schicksal mehr:

Er war als Mann des Untergrundes
Sehr wahrscheinlich noch in Bergen-Belsen
Umgekommen.

XII)
Die Schalen der Kartoffeln aus dem Lager
Wurden säuberlich verpackt
Und einem Bauern in der Gegend abgeliefert.

Wer Kartoffeln schälen durfte,
War bevorzugt,
Weil man heimlich von den Schalen essen konnte.

Jeder aß nur wenig,
Dass es nicht der Wache auffiel,

Die die Esserin dafür bestrafte.

Eines Tages fing man an
Das Lager aufzulösen.
Frauen mussten alle Sachen,
Die dem Militär gehörten, auf Waggons verladen,
Und Frau I. versteckte sich mit Fluchtgedanken
Unter den verstauten Decken.
Sicher würde dieser Zug, so dachte sie,
Die Fahrt auf einem Abstellgleis beenden.

Als sie endlich wieder ausstieg,
Hielt der Zug noch immer in der Nähe ihres Lagers
Und stand nun vor einem Magazin.
Hier wurde alles umgeladen.

Dann kam der April des Jahres '45,
Und die Insassinnen wurden
Ins Vernichtungslager Bergen-Belsen
Transportiert.
Die Schwarzhemdmannschaft hatte
Jede Kleinigkeit erstaunlich gut organisiert.

Frau I. erfuhr natürlich nicht,
Ob alle aus dem Lager auf die Reise mussten,
Oder nur die Jugendlichen,
Die in der Baracke vegetierten,
Alle schwer, schwer krank.

Es wurde aber alles eingepackt,
Das sprach, so dachte sie,
Wohl für das Ende dieses Lagers Sasel.

Dort in Bergen- Belsen
Endete die Leidensstraße der Frau I.

Das Elend dieses Lagers, sagt sie,
Wurde oft geschildert und beschrieben.

Als denn die Besatzungsmacht
Die Tore öffnete,
Versorgte sie die Kinder medizinisch,
Die man über Lübeck zur Gesundung
In das Ausland brachte.

Deren Leiden waren Typhus, TBC, die Cholera
Und schreckliche Ödeme, die vom Hunger kamen.

Sie, Frau I.
War damals toter als lebendig.

XIII)
Frau I. weiß wenig über Selektionen
In dem Lager.

Kommissionen, sagt sie,
Die nach arbeitsuntauglichen Frauen suchten,
Kamen nachts.
Man teilte kurz vorher
Den Kranken eine Arbeit zu,
Dass sie im Lager bleiben durften.

War Frau I. dann krank, vernahm sie nur:
„Wie lange soll die da noch liegen bleiben"!

Wohin die Transporte gingen,
Hat sie nie gewusst.
Im Lager selbst war überhaupt nichts
Zu erfahren.
Von den Toten, die auf Bergstedt's Friedhof ruhen,
Weiß sie gar nichts,
Und bestätigt nur,
Dass die Insassinnen auch Kleider hatten,
Schürzen trugen,
Einen Mantel haben durften,
Auf den hatte man ein Gelbquadrat genäht,
Und Seife war vorhanden.

„Wohlgenährte Leichen" konnte sie sich
Nur durch Hunger, die Ödeme ,
Einen aufgeschwemmten Leib erklären.
Und an dem bewussten Tag,
Dem 21. April des Jahres '45
War sie nicht mehr in dem Lager Sasel.

Sie erinnert sich auch schwach
An tagelange Zählappelle,
Das ließ auf die Flucht von Frauen schließen,
Jedenfalls darauf,
Dass welche fehlten.

Einzelheiten konnte man
Von niemandem erfahren.

Alles wurde damals aufgeschrieben,
Minutiös wurd' über alles Buch geführt.

Man wusste immer, wer bei wem und wo in Arbeit stand,
Und wie sie ihre Arbeit machte;
Führte die Bestrafung jeder einzelnen
Nach Art und Umfang auf.

Im Lager gab es,
Fast vergleichbar wie in Lodz,
Die Judenselbstverwaltung.

XIV)
Die Bevölkerung,
Das konnte sie bestätigen,
Warf manchmal Nahrungsmittel
Über ihren Zaun,
Und bei den Plattenhäusern
Konnte man auch fündig werden.
Nur, es durfte sich kein einziger
Nach diesen Schätzen bücken.

Alles wurde gleich und hart bestraft;
Und andrerseits kam es auch vor,
Dass sich Insassinnen um
Nahrungsmittel prügelten.

Der Wert der Hilfe, die von außen kam,
War schwach, sagt sie,
Und hatte nur symbolischen Charakter.
Viele Heimatliche müssen uns am Arbeitsplatz
Und auf dem Weg dorthin gesehen haben,
Und ich kann es nicht verstehen, so Frau I.,
Dass sie behaupten,
Davon nichts gewusst zu haben.

Manchmal rief man in den Trupp:
„Wer seid denn ihr"?

Die Posten waren schnell mit ihrer Antwort:
„Alles Arbeitsscheue, Huren
Und Verbrecherinnen".

Jeder hätte uns am Judenstern
Erkennen müssen,
Sagt Frau I. zum Schluss.

Der fünfte Tag
Geht so als Monolog zu Ende,
Und am sechsten soll der Monolit
In einer Feierstunde seinen Platz erhalten,
Weil er fertig
Und gestaltet ist,
Und aller Augenmerk ist nun
Auf ihn gerichtet.

In der morgendlichen Feierstunde
Wird er aufgerichtet werden,
Soll zum Schrei der Mahnung werden,
Soll mit Bild und Schrift
In die Gesichter dringen,

Dass in ihnen die Gesichter der Insassinnen entstehen
Und in ihnen wieder die der anderen
Und darin wieder die der anderen
Und darin andere
Und .....

Sechster Tag,
Beschreibung einer feierlichen Stunde in der Gegenwart:
Heut' wird ein tonnenschwerer Stein errichtet,
Und man stellt ihn an der Stelle auf,
Wo sich für Monate
Das Frauenlager, Außenlager Neuengamme,
KZ-Sasel vom August des Jahres '44
Bis zum Mai des Jahres '45
Als ein bitterböses Un-Gemach
Befunden hatte.

Der Gedenkstein ist der Schlusspunkt
Der Beharrlichkeit und Fragerei
Der Jugendlichen,
Und er ist zugleich die Antwort,
Ist das Echo,
Das die Bürger Sasels ihren Jugendlichen gaben.

Mahnung ist der Stein und Mahnung ist Gedenken,
Doch Gedenken wird Versteinerung,
Wenn es nicht lebt,
Und Leben wird Versteinerung
Verweigert es Gedenken.

So steht auf dem Stein zu lesen,
Dass sich jedermann erinnert
Und bedenkt:
„Die Würde
Des Menschen
Ist unantastbar".

Am siebten Tag beginnt
Das Heute wieder.

Spatzen sitzen,
Auf dem Stein,
Im Gras davor entdecke ich,
Das eine und das andre Mal, wenn ich vorüber geh',
Ein schmales Sträußchen
Bunter oder weißer Blumen.

Mir bleibt nachzutragen,
Dass ich
Zu den Ahnungslosen zählte,
Weil ich alles doch erst jetzt erfuhr,
Und mein Spazierweg führte mich
Seit Jahren durch den Aalkrautweg,
Der schneidet heute den Bereich
Des Frauenlagers in zwei Teile.

Häuser stehen hier,
Und vor den Häusern liegen kleine Gärten,
Und mir ist als riefen mich seit Neuestem
Versteckte Frauenstimmen.

Anhang

Die Vielzahl meiner Veröffentlichungen erfolgte im Verlag: „Gesellschaft für zeitgenössische Lyrik. e.V." Leipzig, unter ISBN: 3-937264
Archive/Fundstellen:
- *Die Deutsche Bibliothek, Frankfurt a.M.,*
- *Deutsche Nationalbibliothek, Leipzig,*
- *Sächsische Landesbibliothek, Dresden,*
- *Leipziger Lyrikbibliothek/Online-Katalog(OPAC), Stand: 2019*
  https://webopac.stadtbibliothek-leipzig.de/webOPACClient/start.do?BaseURL=this
  Sucheingabe: Harald Birgfeld
Weitere Veröffentlichungen von Harald Birgfeld auch bei
Books on Demand und online.

Lyrik:
Alsterwanderweggedichte, *41 zeitgenössische Gedichte, (illustriert), 48 S.*
..and I said to myself, what a wonderful world, *36 Gedichte mit*
    fantastischen Inhalten, 44 S.
Auf deiner Reise zum Rande im Rande des Randes der Sonne *187*
    Gedichte: Im Innern der Sprache werden Kräfte freigesetzt. 184 S.
Bärbel und Harald, Epos, *Gedicht in 93 Teilen*
Die Frau des Terroristen, *53 Facettengedichte*
Die Insassinnen, *Epos, Lyrik, 136 S.*
Die Zeit der Gummibärchen ist vorbei, *76 zeitgenössische Gedichte,*
    (illustriert), 108 S.
Feuer, das zur Speise wird, *114 Gedichte aus meiner digitalen Welt, 68 S.*
Für dich..., *43 Liebesgedichte und 15 Augen-Blicke, 32 S.*
Gedichte, veröffentlicht in ausgewählten Anthologien, und
    Namenlos von meiner Insel, *42 Briefe, Lyrik, 108 Seiten,*
Großes Liebestestament, *68 Liebesgedichte, 144 S.*
Honigweißer Duft, *14 fantastische Gedichte, 32 S.*
    dabei 14 farbige Seiten.
Im Reißverschluss der Illusion, *57 Facettengedichte*
Liebestestament, *37 Gedichte Liebeslyrik, 44 S.*
Mund aus Glas am Rand aus Fleisch, *114 Gedichte,*
    Schwarze Liebeslyrik, 120 S.
Sofortige Lähmung, *112 Gedichte aus dem Innersten, 72 S.*
Unter einem Mikroskop, *36 Gedichte für eine parallele Welt, 28 S.*
Von Haut zu Haut, *132 Gedichte: Was macht meine Liebe an dir und an mir*
    mit mir und mit dir? Liebeslyrik. 48 S.
Wir gerieten in den Gürtel der Meteoriten, *10.000 Aufschläge, Band*
    14: Aufschläge 6502 – 6999, ca. 500 Strophen aus einem Zyklus
    von 10.000 Strophen. Lyrik. 224 Seiten

Wo die schwarzen Blätter wachsen, *129 erotische Gedichte? 76 S.*

Lyrik *von Harald Birgfeld erschien in mindestens 29 Anthologien*

Prosa:
Die Tätowierungen der jungen Tanja W.
  Selbstsuche und Selbstfindung einer jungen Frau, 132 S.
Die Entdeckung der eigenen Zeit
  Zeit ist die Wahrnehmung eines Ereignisses.
  Beispiele, Grundsätze und Erläuterungen. 92 S.
Fünf Veröffentlichungen/Five Publications *(deutsch/englisch),*
  32 S. Format A5 (1 Band)
  Theorie und Utopie der eigenen Zeit,
  Theorie und Utopie der anderen Zeit.
  Die Zeit der Gleichungen ist vorbei
  Societ lyrics, was ist das?
  Folienbilder-Entstehung
Kleine Fibel Arbeitsschutz *(für die praktische Arbeit) an:*
  „Hochschulen", „Kindergärten", „Schulen" (3 Bände)
Trennung von B.
  Phänomen, Trennung, 2017, 148 S. A 5
Pina Bausch, *Nachruf*
Vom Sterben nach dem Tod
Warten auf die Anderen.
  Trennung erster, zweiter und dritter Art, 104 S. A5

---

*Weitere Veröffentlichungen von Harald Birgfeld, derzeit **online** unter*
www.Harald-Birgfeld.de
Im Volltext für jedermann zugänglich und einsehbar.
Lyrik:
Die Insassinnen, *Theaterstück, Außenlager KZ Sasel, 3 Akte*
Gespräche dritter Art, *90 zeitgenössische Gedichte*
Gespräche zweiter Art in Art der Art, *89 zeitgenössische Gedichte*
Mann aus Blech und Plastikfrau, *Theaterstück, Ein dramatisches*
  Bühnenstück in drei Akten, Glaube - Liebe – Hoffnung
Wir gerieten in den Gürtel der Meteoriten, *10.000 Aufschläge,*
  23 Gedichtbände
